Tarot für alle Decks

Bernd A. Mertz

TAROT
FÜR ALLE DECKS

Von demselben Autor sind im FALKEN Verlag folgende Bücher erschienen:
„Farben – Charakter – Schicksal" (Nr. 60078); „Alles über das Horoskop" (Nr. 60171)
„Tarot – Lebenshilfe durch Kartenlegen" (Nr. 1227)

Dieses Buch wurde auf chlorfrei gebleichtem
und säurefreiem Papier gedruckt.

Die Deutsche Bibliothek – CIP-Einheitsaufnahme

Mertz, Bernd A.:
Tarot für alle Decks / Bernd A. Mertz. – Orig.-Ausg. –
Niedernhausen/Ts. : FALKEN TaschenBuch, 1996
  ISBN 3-635-60235-3

Originalausgabe
ISBN 3 635 60235 3

© 1996 by Falken-Verlag GmbH, 65527 Niedernhausen/Ts.
Die Verwertung der Texte und Bilder, auch auszugsweise, ist ohne Zustimmung des
Verlags urheberrechtswidrig und strafbar. Dies gilt auch für Vervielfältigungen, Übersetzungen, Mikroverfilmung und für die Verarbeitung mit elektronischen Systemen.

Umschlaggestaltung: Zembsch' Werkstatt, München
Gestaltung: David Barclay, Neu-Anspach
Redaktion: Walter Fromm, Selters/Sabine Weeke
Herstellung: Beate Müller-Behrens
Titelbild: Comstock, Berlin
Vignetten: Daniela Schneider, Frankfurt a. M.
Kartenabbildungen: siehe Seite 143
Technische Realisierung: FROMM MediaDesign GmbH, Selters/Ts.
Druck: Ebner Ulm

Die Ratschläge in diesem Buch sind von Autor und Verlag sorgfältig erwogen und geprüft,
dennoch kann eine Garantie nicht übernommen werden. Eine Haftung des Autors bzw.
des Verlags und seiner Beauftragten für Personen-, Sach- und Vermögensschäden ist
ausgeschlossen.

817 2635 4453 6271

Inhalt

EINFÜHRUNG	7
Wozu dieses Buch?	7
Woher kommt der Tarot?	7
Wozu dient der Tarot?	10
DER TAROT	13
Die Karten der großen Arcana	14
Der Narr	15
Der Magier	18
Die Hohepriesterin	21
Die Herrscherin	24
Der Herrscher	27
Der Hohepriester	30
Die Entscheidung	33
Der Siegeswagen	36
Die Gerechtigkeit	39
Der Eremit	42
Das Rad des Schicksals	45
Die Kraft	48
Der Gehängte	51
Der Tod	54
Das Maß	57
Der Teufel	60
Der Turm	63
Der Stern	66
Der Mond	69
Die Sonne	72
Die Auferstehung	75
Das All	78
Der Narr	81
Das Kartenlegen	82
DER VORTEST	84

Inhalt

AUSLEGEARTEN	86
Die innere Zerrissenheit	86
Der Siebener-Weg	88
Das Orakel	90
Der Ägyptische Leitstern	93
Die Antwort der Sphinx	95
Die Antwort der Sphinx – Variante	97
Die fünf großen Personenkarten	100
Die Auskunft	103
Das Keltische Kreuz	105
Der persönliche Baum	109
Die Schicksalsuhr	111
Der Rat des Osiris	113
Entscheidung zwischen zwei oder drei Personen	117
Das Wagnis	120
Der Herrscher wird zum Narr – der Narr zum Herrscher	124
Der Narr geht auf Wanderschaft	128
Der Narr im Fadenkreuz	131
Die Pyramide	134
Portale der Vergangenheit	138
DER ABSCHLUSSTEST	141
Literatur	142
Verzeichnis der Karten	143

Einführung

Wozu dieses Buch?

Noch nie standen die Tarotkarten so hoch im Kurs wie heute. Unzählige alte Decks (so nennt man die Kartenausgaben) werden zur Selbsterkenntnis, zur Beratung oder Meditation genutzt, und ständig kommen neue Decks auf den Markt. Man kann fast von einer Flut des Tarot sprechen, so daß jeder, der will, sein Deck nach seinem Geschmack finden kann.

Meist werden die Tarotkarten zum Kartenlegen, zur Beratung für andere oder für die eigenen Selbsterkenntnis gebraucht. Daher ist es notwendig, für jedes Kartendeck eine Erklärung zu bekommen, die über die Bedeutung der einzelnen Karten wie über die Auslegungsarten informiert.

Hier hat sich nun ergeben, daß jedes Deck möglichst auch ein Begleitbuch hat. So weit so gut. Aber die Beschreibungen in den Begleitbüchern sind teilweise so unterschiedlich, daß die Benutzer verwirrt sind. Dabei liegt jedem guten Tarotdeck und damit jeder einzelnen Karte die gleiche Aussage zu Grunde. Der Tarot ist uralt. Seit über 2000 Jahren gibt es die Motive der einzelnen Karten, und jede Karte enthält Bruchstücke dieser ältesten Weisheit der Menschheit. Jede Karte eines guten Tarotdecks hat die gleiche Aussage – von kleinen Varianten abgesehen. So muß der Benutzer mit einem Buch auskommen können, wobei sich jeder das Kartenspiel nach seinem Geschmack und seiner Neigung auswählt. Die Gebrauchsanweisung für alle Decks will dieses Taschenbuch liefern und gleichzeitig die guten und in der Praxis bewährten Decks vorstellen, um so die Wahl für die Anfänger zu erleichtern.

Woher kommt der Tarot?

Seitdem Menschen denken können, versuchen sie auch die Zukunft zu erforschen. Persönlichkeiten, denen diese Kunst zugeschrieben wurde, nannte man Wahrsager. Ein Wort, das vom „Die Wahrheit sagen" kommt, denn wer die Zukunft richtig erkennen will, muß sich selbst puncto Vergangenheit und Gegenwart kritisch betrachten. Nur wer die Vergangenheit kennt, lernt für die Zukunft. Im Museum von Olympia ist noch in einem Marmorfries zu sehen, daß in alten Zeiten ein Wahrsager neben Herrschern und Göttern Platz nehmen durfte. Auch heute wird viel wahrgesagt, wobei die meisten Blicke in die Zukunft über das Kartenlegen erfolgen.

Einführung

Aus den vielfältigen „Wahrsagekarten" ragen die Bilder des Tarot besonders heraus. Zumindest die 22 Karten der großen Arcana sind zweifellos am besten für das Wahrsagen geeignet, weil sie symbolisch alle Erfahrungen widerspiegeln, die ein Mensch in seinem Leben machen kann. Ob es sich um die Liebe handelt, um die Auseinandersetzung mit dem Tod, um das Verhältnis zu Eltern oder anderen Autoritäten, um Krankheit, um die Pflicht Maß zu halten oder um die Ehe. Ob es um die ewige Suche nach neuen Wegen geht, um Träume oder Entscheidungen: Kein anderes Kartendeck kann diese Aussagen auch nur annähernd so präzise wiedergeben. In den Karten der großen Arcana lebt ein uralter Erfahrungsschatz, der mehrere tausend Jahre alt und immer noch gültig ist.

Aber woher kommt der Tarot? Das ist eine Frage, die bisher nicht einwandfrei und beweiskräftig geklärt ist, wenn auch alle Indizien dafür sprechen, daß die Grundmotive dieser Karten aus dem alten Ägypten stammen.

Ende des achtzehnten Jahrhunderts meinte der französische Esoteriker Court des Gebelin, daß er alle Weisheit der alten Ägypter in einem Buch gefunden habe, das das Wissen der großen Bibliothek von Alexandria enthielte. Dieses Buch sei der Tarot. Und in der Tat. Der Autor dieses Buches, das Sie gerade lesen, war von diesen Worten so angeregt, daß er in Ägypten nach den uralten Tarotmotiven suchte. Und er fand alle 21 Urbilder. Und zwar in Tempeln, in Gräbern, auf Obelisken und anderswo. Sicher kannten die Ägypter noch keine Kartendecks. Auch auf Papyrusblättern waren diese Motive nicht festgehalten, aber in Stein gehauen überlebten sie.

Die alten Ägypter sahen alles in Bildern. Das Wort Hieroglyphe heißt „heiliges Bild". Und vor diesen Bildern saßen die angehenden Priester, die Eingeweihte (Adepten) werden wollten, Tag um Tag, um den Sinn der heiligen Zeichen völlig zu erfassen. Woldemar von Uxkull berichtet davon in seinem Buch „Die Einweihung im alten Ägypten".

Dann verschwanden die Bilder eine Zeitlang, aber sie tauchten wieder auf. Paracelsus (1493 bis 1541) sprach von diesen Figuren und meinte, sie stammten aus dem Reich der Babylonier, womit er annahm, daß die Motive noch älter seien. Aber zur Zeit des großen Paracelsus waren die Kartenbilder in Europa schon bekannt. Anfang des 14. Jahrhunderts war man der Meinung, daß die Karten von den Sarazenen kämen. Mit *Sarazenen* wurden in Europa

Woher kommt der Tarot?

alle Völker bezeichnet, die eher wie Mohammedaner und nicht wie Europäer aussahen.
In einer Chronik der italienischen Stadt Viterbo wird bereits 1379 von einem Kartenspiel gesprochen, das aus Serasina stamme. Aus dem 15. Jahrhundert kennen wir dann schon Karten wie etwa das berühmte Mantegna-Tarotdeck oder das auch oft rühmlich erwähnte Visconti-Tarot.
Das Wort Tarot wurde häufig folgendermaßen geschrieben:

Dies läßt sich aber auch als *Rota* lesen. *Rota* bedeutet soviel wie der „königliche Weg". Da fällt eine Analogie zur Astrologie auf, die man ja einst gerne als „königliche Wissenschaft" bezeichnete.
Andere Autoren sind der Ansicht, daß die Karten aus Indien stammen, und daß das fahrende Volk sie mit nach Europa gebracht habe. Das mag sein, aber die Motive stammen aus Ägypten. Sie mögen dann auch über Indien nach Europa gelangt sein. Den ersten wirklichen Boom erlebten diese Kartendecks im 18. Jahrhundert, wo sie in den vielen, wie Pilze aus dem Boden schießenden esoterischen Zirkeln gebraucht wurden. Spätestens hier wurde der tiefe Sinngehalt der Bilder entdeckt. Vorher war die Deutung mehr an die Kartenbezeichnungen gebunden. Namen wie „Der Narr, der Teufel, der Herrscher" wurden eher im profanen Sinn gebraucht. Einst hatte man die Karte Nr. 6 als *die Liebenden* bezeichnet, nur weil ein Mann zwischen zwei Frauen steht, die scheinbar um ihn kämpfen, jedenfalls wird diese Karte oft so interpretiert, obwohl von Kampf keine Rede sein kann. Völlig übersehen wurde, daß der Pfeil, den ein Cupido oder Amor abschießt, auf den Kopf zielt. Es geht also um keine Herzensangelegenheit, sondern um eine Entscheidung aus dem Kopf.
Die ältesten Karten waren handgemalte Blätter, die sich nur Fürsten und reiche Bürger leisten konnten. Viel hing von der Kunst der Kartengestalter ab, ob diese Karten eine Ausstrahlungs- und Aussagekraft hatten. Das hat sich bis heute nicht geändert. Vielleicht auch ein Grund dafür, daß sich nur verhältnismäßig wenige neuere Tarotdecks durchsetzten.

Einführung

Die handgemalten Karten wurden einer Legende nach im Jahre 1120 im Reich der Mitte (China) erfunden, um eine Konkubine des Kaisers S'eun-Ho zu unterhalten. Unklar ist, ob es sich hier schon um Motive der ägyptischen Vorbilder handelte.

Seit ihrem Aufkommen waren die Kartenspiele umstritten. 1423 verkündete der heilige Bernhard von Siena mit donnernder Stimme von der Kanzel, daß das Kartenspiel eine Erfindung des Teufels sei. Der Tarot kann jedoch nicht als Kartenspiel eingeordnet werden. Wie wir ihn sehen, war er immer ein Wegweiser für unsere Entscheidungen. Seine Bilder gelten schlechthin als Schicksalsanzeiger. So ist der Tarot das älteste, symbolische Bilderbuch mit mythischem Inhalt.

Auch der Okkultist Papus, der ein Buch zum Zigeunertarot verfaßte, war der Ansicht, daß allein der Name Tarot auf seine Herkunft aus Ägypten hinweist. Die Silbe *Tar* heißt soviel wie Pfad, die Silbe *Ro* oder *Ros* oder *Rog* soviel wie König. Damit schließt sich der Kreis. Das war 1889, zu einer Zeit, da Ägypten als die Urheimat der europäischen Kultur und Esoterik angesehen wurde. Damals begann der Siegeszug des Tarot, der bis heute nicht beendet ist – im Gegenteil.

Wozu dient der Tarot?
Der Tarot dient in erster Linie zum *Wahrsagen,* um die nahe oder ferne Zukunft zu ergründen. Daß dies leichter gesagt als getan ist, wird jedem verständlich sein, der sich mit solchen Fragen beschäftigt.

Wer aber über das Kartenaufschlagen etwas über die Zukunft erfahren möchte, kommt mit den Tarotkarten der *großen Arcana* am besten zurecht. In diesem Buch gibt es dafür genügend Vorschläge.

Der Tarot dient jedoch auch zur *Selbsterkenntnis.* Es klingt unwahrscheinlich, aber es ist eine Erfahrungstatsache, daß mit Hilfe der Karten der Zugang zur eigenen Tiefe gefunden werden kann. Viele, die diese Karten besitzen, sie aber nur für sich gebrauchen, also anderen nicht die Karten aufschlagen oder legen, mischen sich morgens die Karten, legen sie verdeckt auf den Tisch und wählen eine Karte. Das ist die sogenannte Karte des Tages. Sie teilt den Betreffenden mit, was an diesem Tag besonders wichtig für sie sein

Wozu dient der Tarot?

könnte. Man kann sich auch montags eine Karte der Woche oder am ersten eines Monats die Karte des Monats wählen. Auf diese Weise lernt man die Bilder sehr gut kennen und bekommt zu ihnen eine neue Beziehung. Denn so einfach ist es nicht, die Tarotkarten in ihrer Tiefe zu Verstehen. Das braucht Übung!

Man kann auch mit einer Karte (oder zwei oder drei – aber nicht mehr) gut *meditieren.* Wobei die Frage zu stellen ist; Was will mir diese Karte in der jetzigen Lage mitteilen, worauf muß ich mich einstellen, was kommt auf mich zu? Nur eines ist notwendig: Jeder sollte soweit wie möglich seinen rationalen Verstand ausschalten und auf seine inneren Stimmen hören.

Die meisten Menschen wissen heutzutage nichts mehr von den Archetypen, die in ihnen leben. Der Verstand drängt so ein „unlogisches Wissen" gern zurück. Aber in der Psychologie und in der Esoterik spielt das Wissen um das Archetypische in uns eine bedeutende Rolle.

Der Psychiater C.G. Jung, der den Begriff „archetypisch" in seine Psychologie eingeführt hat, versteht darunter das Kollektiverbe von Erfahrungen, die in jedem Menschen wohnen. Diese Archetypen bestimmen unser instinktives Verhalten weit mehr als angenommen wird: in ihnen sind Urerfahrungen gebündelt, die einst für die Menschen zum Überleben wichtig waren, wobei der Drang nach Essen und Trinken eine große Rolle spielt. Auch das Zärtlichkeits- und Schutzbedürfnis, die Sehnsucht nach Liebe oder der Wunsch, Karriere zu machen, lebt als archetypisches Kollektiverbe in jedem Menschen.

Archetypen sind als verdichtete Erfahrungsprinzipien zu verstehen. Die Karten bringen diese verdrängten Erfahrungen wieder zum Klingen. Sie lösen ein Echo im Innern aus, dem sich keiner entziehen kann, wenn er nur erst mal lange genug und ernsthaft mit diesen Karten umgegangen ist. Aber es geht nicht nur um die Urerfahrung, die jede dieser 22 Karten der großen Arcana versinnbildlicht, sondern auch um die Entwicklungsstufen, die der Mensch durchlaufen muß. Auch diese Stufen werden durch das Legen der Karten deutlich. Was Menschen oft nicht in Worte fassen können, die Tarotkarten drücken es wortlos, aber verständlich aus.

Wenn es um *psychologische Beratungen* geht, helfen die Karten der großen Arcana ebenfalls. Ähnlich wie bei Traumdeutungen lösen die Kartenmotive

Einführung

Assoziationen aus, die viel über den Ratsuchenden aussagen können. Dabei ist es aber empfehlenswert, sich solcher Karten zu bedienen, die keine Namensunterschrift haben. Man kann die Namen leicht abschneiden. Oft richten sich die heutigen Menschen mehr nach dem Namen als dem Bild, weil sie den Namen für aussagefähiger halten. Aber das Bild muß wirken! Klammert man sich an die Namen der Bilder, dann wird meist falsch kombiniert. Auch die ägyptischen Bilder in den Tempeln trugen keine Unterschriften.

Diese Karten können auch für *psychologische Tests* verwendet werden. Man sucht sich aus dem offen ausliegenden Deck eine Karte für den Start und eine für das Ziel aus und wählt als dritte Karte, (die zwischen die schon ausgewählten Karten kommt), ein Blatt, das die Brücke anzeigt, über die die Kandidaten vom Start zum Ziel gehen sollten. Gute Menschenkenner können aus diesem Test vielsagende Schlüsse ziehen.

Wer an die Karten eine Frage stellt, der darf nach der Antwort, die ihm die gezogene Karte gibt, und die vielleicht nicht seinen Vorstellungen entspricht, diese Frage nicht sofort wiederholen. Das geht nicht. Erst muß man sich mit der Antwort auseinandersetzen. Niemand darf solange die Karten ziehen, bis er meint, die ihm genehme Aussage gefunden zu haben.

Die Karten stellen keine Gebote dar, sondern sie sind Wegweiser. Ob jemand diesen Wegweisern dann folgt, und wie er das eventuell macht, das ist eine ganz andere Sache. Man wird zum Nachdenken angeregt und das soll man nutzen. Die Karten sind nicht parteiisch, sondern neutral, und damit ein hervorragender Katalysator für Gedanken und Pläne.

Der Tarot

Die Tarotdecks bestehen aus 22 beziehungsweise aus 78 Karten. Ein sogenanntes großes Tarotdeck hat 78 Karten und setzt sich zusammen aus den 22 Karten der großen Arcana, und aus den vier Farben zu je 14 Karten, die man die kleinen Arcanen nennt.

Die kleinen Arcanen haben jedoch nichts mit den alten Urmotiven der Menschheit zu tun, sondern haben sich aus den französischen Spielkarten entwickelt. Auch dort gibt es König, Dame, Bube und die Zählkarten von eins (AS) bis zehn.

Zusätzlich gibt es noch die 14. Karte des Ritters. Je nach Bildern und Zahlen werden diese kleinen Arcanen in Hof- und Zählkarten unterteilt, und zwar jeweils unter der Bezeichnung Schwerter, Kelche, Stäbe und Münzen. Dies entspricht den vier französischen Farben: Herz, Pik, Kreuz und Karo. Diese 56 Karten (4 x 14=54) sind eher Spiel- als Deutungskarten. Das „Wahrsagen" mit ihnen wird zu kompliziert, zu unübersichtlich, und sie haben – wie gesagt – mit den uralten Erfahrungssymbolen der Menschheit nichts zu tun. Der kluge Volksmund weiß dies schon lange, wenn er meint: Wer aus den 22 Karten der großen Arcana nichts sieht, dem wird das Sehen wahrscheinlich auch aus 78 Karten nicht gelingen.

Konzentrieren wir uns daher auf die 22 Stammkarten. Auch hier ist eine Gliederung notwendig. Die große Arcana besteht im Grunde nur aus 21 Karten. Dies ist das Produkt der heiligen Zahlen drei mal sieben. Die Karte 22, die auch als Karte 0 gezählt wird, steht außerhalb der großen Arcana, was wir bei der Beschreibung der 22 Karten noch näher berücksichtigen werden. Die 21 Karten können noch in drei mal sieben Karten unterteilt werden.

- Die ersten sieben Karten stellen dann den Weg des Lernens dar. Der Narr lernt an den fünf großen Persönlichkeit- oder auch Autoritätskarten, er kommt dann zu einer Entscheidung, um den Siegeswagen zu betreten.
- Der zweite Weg der Bewährung und der Reife beginnt mit der Karte die Gerechtigkeit und geht bis zur Karte 14, das Maß.
- Auf dem letzten Abschnitt, dem dritten Weg, auch Weg der Weisheit genannt, steht zu Beginn die Karte *der Teufel* oder *der Dämon* und am Ende die Karte 21, *das All*.

Der Tarot

Damit wird deutlich, daß die Reihenfolge der Karten einen Entwicklungsweg darstellt, der aber im praktischen Leben nie so folgerichtig abläuft. Das ist unbedingt bei der Deutung zu berücksichtigen! Aber hier sollen keine Festlegungen getroffen, sondern dem Tarotausleger nur Anregungen vermittelt werden. Jeder muß sich seine individuelle Deutungsart selbst erarbeiten. Vorschläge für Deutungsmöglichkeiten werden am Ende des Buches mehrfach gegeben.

Man kann die drei Wege auch als den *Weg in die Tiefe,* den *Weg zu unserer Mitte,* und den *Weg voraus in die Zukunft* bezeichnen. Das Schwierige ist, daß die Karten nie in der gegebenen Reihenfolge fallen, daß manche mit bestimmten Positionen die Zukunft anvisieren, ohne schon die Reife dafür erlangt zu haben. Hier muß dann der Kartenleger die richtigen Weichenstellungen vornehmen. Doch dazu müssen die Karten erst einmal eingeordnet und ihr Symbolgehalt erkannt werden.

Die Karten der großen Arcana

Um es noch einmal zu wiederholen: Diese Beschreibung gilt für alle Tarotdecks. Zu jeder Beschreibung zeigen wir eine entsprechende Karte. Die Karten stammen aus verschiedenen Decks. Um aber keine Vorurteile oder verfrühte Beurteilungen zuzulassen, werden die Decks zunächst nicht genannt. Allerdings finden die Leser am Ende des Buches die Auflistung, welche Karte aus welchem Deck stammt. Zunächst sollten sie aber nicht nachschauen, aus welchem Deck die Karten gewählt wurden.

Sicher ist die Sympathie für ein bestimmtes Kartendeck letztlich recht entscheidend, und es ist durchaus berechtigt, seine Auswahl zu treffen, weil einem diese oder jene Bildgestaltung zusagt oder nicht.

Es werden jedoch nur Karten vorgestellt, die zu den guten und richtigen Decks zählen. Viele (vor allem moderne) Decks erfüllen oft nicht die einfachsten Ansprüche, weil sie nicht einmal die ältesten Symbole enthalten. In diesem Buch finden die Leser keine negativen Aussagen und Bewertungen, sondern nur Aussagen über die guten Tarotdecks. Empfehlenswert ist die Wahl aus einem der hier vorgestellten Decks; es ist zusätzlich günstig, sich in manche Bilder erst etwas einzuleben, ehe man eine Entscheidung trifft.

Die große Arcana

Der Narr

Diese Karte wird als Karte 0 oder auch als Karte 22 numeriert. In alten Tarotspielen wird die Karte oft gar nicht gezählt. Sie kann auch heißen: *das Krokodil, der Suchende,* auch *Le Mat* (französisch) oder *Il Matto* (italienisch) beziehungsweise *The Fool* (englisch). Das Wort The Fool leitet sich vom lateinischen Follis ab, was soviel wie Windbeutel oder Blasebalg bedeu-

Der Tarot

tet. Es ist die Karte, die nicht zu den heiligen Karten gerechnet wird. Sie ist Eingang und Ausgang zu der *großen Arcana*.

Bedeutung   Diese Karte repräsentiert die oder den Fragenden. Sie symbolisiert das Suchende, das Fragende. Sie ist noch von keiner wissenden Symbolik überlastet. Meist wird der Narr als irgendwie lustige Person dargestellt, der, mit wenig Gepäck auf einer Anhöhe angekommen, seinen Weg sucht. Oft sind ihm die Augen verbunden, oder er hält die Hände vor seine Augen, was unterstreicht, daß dieser Narr Einsicht sucht. Meist ist er mit einem Suchstab ausgerüstet. Oft erkennt man auf dem Bild auch einen Hund, der den Urinstinkt im Narren verkörpert und ihn vor einem Abgrund (oder dem falschen Weg) bewahren soll. Die Narren zeigen sich in der Regel lustig und bunt, egal ob und wie es „innen" aussieht. Ihr kleines Gepäck (Besitz) deutet symbolisch darauf hin, daß auch das innere Wissen noch nicht allzu groß ist. Oft hat man beim Betrachten dieser Karte den Eindruck, daß das Leben vordergründig leicht mit gespielter Lustigkeit zu bewältigen wäre. Diesen Narren stehen alle Möglichkeiten offen, sie fangen von vorne an. Noch heißt ihr Motto: Es kommt nie so gut, wie man es erhofft – aber auch nie so schlimm, wie man es befürchtet. In diesem Spruch steckt viel Narrenweisheit aber auch viel Oberflächlichkeit, billiger Trost ebenso wie eine resignierende Lebenseinstellung. Die Bedeutung dieser Karte hängt – wie bei allen anderen Karten – von der Fragestellung ab.

In Stichworten

Allgemein   Das Unbeschwerte, auch die Bereitschaft, Risiken einzugehen. Das Freisein und Losgelöstsein von allen Pflichten, aber auch der Wunsch, seinen Weg zu finden.

Liebe   Der erste Funke, der überspringt. Der Flirt, die Lust des ersten Moments.

Beruf   Der Neuanfang, auch die erste Stelle, die Lehrstelle. Oft die Sehnsucht, auszusteigen oder die Firma zu wechseln.

Die große Arcana

Gesundheit Die Hoffnung, nicht krank zu werden. Die Entlassung nach einem Krankenhausaufenthalt. Der Arztwechsel. Mut zu neuartigen Behandlungen. Die Gefahr: Therapievorschriften nicht einzuhalten. Die Folgen einer Erkrankung nicht sehen zu wollen.

Vermögen Geld nicht wichtig nehmen, so lange es irgendwie reicht. Wenn Geld vorhanden, dann die Gefahr der Spekulation, der Verschwendung, der risikoreichen Anlage. Leichtnehmen eines Verlustes.

Freunde Neue Bekannte, die schnell zu Freunden werden. Freunde, auf die meist wenig Verlaß ist. Verführbarkeit durch Zufallsbekanntschaften. Den Rat von Freunden nicht ernst nehmen.

Gedanken Immer auf der Suche nach etwas Neuem. Der Wunsch, ohne viel Einsatz zum Ziel zu kommen. Keine festen Bindungen eingehen. Das Leben ist leicht und eher lustig.

Gefahren Leichtsinn. Undiszipliniertsein. Die Nichtbeachtung von Spielregeln. Eine gewisse Rücksichtslosigkeit gegen andere. Sich den sozialen Verpflichtungen entziehen. Noch ohne Ziel- und Sinnsuche.

Entwicklung Vor dem Anfang – aber auch nach dem Ende aller Möglichkeiten des Lernens und der Reife.

Der Tarot

Der Magier

Diese Karte trägt die Nummer 1 der *großen Arcana* und wird auch der *Bateleur* oder *The Magician* genannt. Öfters wird sie als *Gaukler* bezeichnet, was nicht so glücklich ist. *Der Magier* sollte stets einen Stab tragen, und es dürfen Hinweise auf die vier Elemente (Feuer, Erde, Luft, Wasser) nicht fehlen. Meist finden wir auf den Bildern auch eine liegende Acht, die Lemniskate, als Symbol der Esoterik und der unendlichen Weisheit. Diese Lemniskate kann in der Hutform oder als Schlange abgebildet sein. Im Swiss-Tarot ist die Zahl Acht in Streifen auf dem Kleid sichtbar.

Die große Arcana

Bedeutung Die Karte zeigt den Beginn des Erkenntnis- oder Einweihungsweges an. Aus dem Narren ist ein strebender Anfänger geworden, der über die Elemente den Weg nach Innen sucht. Noch ist der Magier voller Selbstbewußtsein, er glaubt, daß der Weg zum Adepten (zum Eingeweihten) nicht schwer zu finden sei. In Wahrheit ist er erst ein Lehrling, der Gefahr läuft, ein Zauberlehrling zu werden. Der Begriff Magier ist daher ein wenig hoch gegriffen. Immerhin symbolisiert dieser Name, daß der Mensch am Beginn eines weiten und wohl auch schwierigen Weges seine magischen Kräfte in sich entwickeln muß. In einigen Karten ist deutlich zu erkennen, daß sich der Magier einer höheren Gottheit zuwendet, die ihm viele Möglichkeiten, gottgleich zu werden, auf seinem Weg mitgegeben hat. Jeder Anfang ist zwar ein Wagnis, doch wer nicht wagt, der kann auch nicht gewinnen. Noch scheint der Magier zu sehr Ichbezogen zu sein. Sein Bewußtsein strahlt noch kein natürliches Selbstbewußtsein aus. Doch der Anfang ist gemacht. Aus Ägypten stammt das weise Zitat, daß der Weg das Ziel ist; in diesem Sinne ist der Magier auf dem richtigen Weg.
Er will sich nie wieder zum Narren machen lassen, obwohl weiterhin die Gefahr besteht, nicht über den Anfang hinauszukommen und sogar rückfällig zu werden. Mit dem Wandel vom Narren zum Magier vollzieht sich der Wandel vom Laien zum Profi. Aber: So schnell wird niemand ein Profi!

In Stichworten

Allgemein Der Anfang, die neue Tat, der Grundoptimismus durch Erweckung der eigenen magischen Kräfte. Der Stolz auf den Neubeginn. Freude über die neuen Möglichkeiten, die sich ergeben und die daraus erwachsenden Chancen.

Liebe Das Herz, das wieder verschenkt wird. Der Mut zum Bekenntnis der Liebe. Der magische Zauber, der durch neue Liebe ausgelöst wird.

Beruf Die erste Leistung, auf die man stolz sein kann, der gelungene Anfang. Wachsendes Selbstvertrauen.

Der Tarot

Gesundheit Optimismus, alle Krankheiten zu überwinden. Der helfende Arzt, das erste Wunder der Heilung.

Vermögen Das erste erworbene Kapital. Das Guthaben. Vertrauen in eine Entwicklung. Verständnis für das Prinzip des Gebens und Nehmens. Gute Anlagemöglichkeiten, die aber durchdacht sein sollten.

Freunde Die Anerkennung der Freundschaften. Das Wissen, daß nur wenige Bindungen fest und dauerhaft sein können. Das Vertrauen in die Kollegialität. Abbau der Neidausrichtung. Dafür Einsatz im Team, in einem Club.

Gedanken Voller Optimismus: Ich will einen neuen Weg gehen, ich schaffe diesen Weg. Verstehen, daß es nie auf eine äußere Diktatur ankommt, sondern nur auf eine innere Autorität. Positive Gedankenwelt.

Gefahren Zu glauben, schon am Ziel zu sein. Übermut. Der Zauberlehrling, der meint, daß er könne, was der Meister kann. Gefahr des Hochmuts. Auch die Gefahr, es ganz allein schaffen zu wollen. Aufgeben des Teamgedankens. Mehr jonglieren, als bewußt und nachdenklich handeln.

Entwicklung Der bewußte Anfang, der sichere Ausgangspunkt. Das Ziel erkennen, obwohl es sich noch in weiter Ferne befindet.

Die große Arcana

Die Hohepriesterin

Diese Karte trägt die Nummer 2 der *großen Arcana* und hat auch verschiedene Namen. Sie wird *La Papesse* genannt oder auch *Junon* (geht auf die Mondgöttin Juno zurück). Ihr englischer Name ist *High Priestess*. In einem ägyptischen Deck heißt die Karte sogar *Pforte zur Heiligkeit. Die Hohepriesterin* wacht symbolisch über unsere innere Tiefe. Sie verkörpert die Seele eines Menschen, die jeder, der sich auf einen neuen und entscheidenden Weg macht, erst finden muß. Meist hält sie ein Buch in der Hand. Es soll aussagen, daß die Seele alles notiert und nichts vergißt, was sie geprägt hat.

Der Tarot

Bedeutung Diese Karte symbolisiert unser Unbewußtes und damit alles, was wir verdrängen. Es geht um das Verborgene in uns, das der Verstand unseres Bewußtseins meist verdrängt.

Aber alles, was als dunkles Wissen in uns lebt, stellt eine Macht dar. So weist die Karte darauf hin, daß alle unsere Pläne und Absichten auch geprüft werden müssen, ob unser Inneres sich bereit zeigt, diese Pläne mitzutragen. Wer die Seele nicht berücksichtigt, der findet nicht zu seiner Mitte, und der verfehlt damit die Harmonie, die er anstrebt. Diese Karte mahnt uns, daran zu denken, daß unsere Seele nie schläft, und daß sie etwa über die Träume versucht, mit uns Kontakt aufzunehmen und zu sprechen.

Das Bild der *Hohepriesterin* symbolisiert auch die Ergänzung zum Hellen, zum Bewußten. Es ist die Karte der Polarität. Aber die Ergänzung in sich zu finden ist nicht immer leicht, weil der Kopf und seine Gedanken da nicht ausreichen, um die eigenen Geheimnisse zu ergründen. Dazu braucht es (im übertragenen Sinn) schon einer Priesterin. Im alchimistischen Sinn sprechen wir von dem Geheimnis, das jeder Wandlung innewohnt –, damit ist unser Dunkles gemeint. Die Psychologie nennt es die Schattenseiten in uns, und Sigmund Freud reduzierte dies auf die sogenannten „Freud'schen" Fehler. Das heißt, wir handeln oft widersprüchlich, ohne daß uns der Grund für diese Handlungen bewußt wird. Alles im Leben hat seine Ergänzung wie Tag und Nacht, links und rechts. Daß wir diese Polarität suchen müssen, darauf weist diese Karte hin.

In Stichworten

Allgemein Das Seelische in uns. Die eigenen Schatten und Erfahrungen, die in uns seit Generationen leben. Das Insichgehen, die stille Selbstbefragung, die notwendige, eigene, innere Prüfung.

Liebe Die urweibliche Ausrichtung der Zuneigung. Der Zauber einer tiefen Bindung. Die Wandlung aus der Tiefe.

Beruf Den Beruf zu einer Berufung machen: die Aufgaben werden voll und mit innerer Beteiligung erledigt.

Die große Arcana

Gesundheit Das Psychosomatische. Die Erweckung der eigenen Heilkraft. Das Wissen um die seelischen Ursachen, um manche verborgenen Erkrankungen und Heilungen.

Vermögen Verstehen lernen, daß in jedem Gewinn auch ein Verlust enthalten ist, wie auch in jedem Verlust ein Gewinn verborgen ist. Der Gewinn der Verluste liegt in den gemachten Erfahrungen, die jeder erst innerlich verarbeiten muß.

Freunde Die tiefen Bindungen zwischen Menschen, die – ob sie sich sehen oder nicht – stets eine Freundschaft am Leben halten. Das unbedingte Vertrauen, das zu erbringen ist, wenn man es zurückhaben möchte.

Gedanken Das Bemühen, sich selbst zu erkennen. Die Freude daran, die eigenen dunklen Kräfte zu erhellen. Das Wissen, daß unser Verstand zwar viel, aber längst nicht alles darstellt, was uns weiterbringt.

Gefahren Wachträumen nachgehen. Wer daraus nicht aufwacht, der stürzt. Denn Wachträume sind die des Kopfes, nicht die der Seele. Die Nichtzurkenntnisnehmen der dunklen Bereiche in einem selbst.

Entwicklung Das Annehmen des Dunklen. Der Schritt zur Ganzheit. Der Mut, sich auch zu den Schattenbildern in sich zu bekennen.

Der Tarot

Die Herrscherin

Diese Karte trägt die Nummer 3 der *großen Arcana*. Sie wird in englischen Decks *The Empress*, in französischen Decks *L'Impératrice* genannt. In Decks, die das ägyptische Erbe in den Vordergrund stellen, finden wir die Namen *die Pharaonin* oder *Isis-Urania*. Die Herrscherin sitzt auf einem

Die große Arcana

einfachen Thron und sie trägt ein Zepter beziehungsweise eine Kornähre und einen Reichsapfel in der Hand, womit deutlich wird, daß sich diese Karte den eher irdischen Aufgaben zuwendet. Es ist oft die Karte der Mutter, aber auch der Chefin oder der weiblichen Autorität.
Die Herrscherinnen zeigen sich alle diszipliniert, sie scheinen zu wissen, daß sie eine Vorbildfunktion zu erfüllen haben. Das Bild flößt jedem Betrachter Respekt ein.

Bedeutung   Der Name Herrscherin weist auf die Selbstbeherrschung hin, denn nur wer sich selbst beherrscht, kann über andere herrschen. Die Karte symbolisiert die Pflichten, die jeder auf dieser Erde zu erfüllen hat, auch diejenigen, die meinen, sich auf einer unbürgerlichen Schiene entwikkeln zu können. Jeder muß das Notwendige leisten, um der Herrscherin zu gefallen. Das Ur-Mutterprinzip wacht über die zu erfüllenden Aufgaben, was eine gewisse Strenge erfordert. Die Herrscherin macht also jedem deutlich, daß es eine absolute Freiheit nicht geben kann, weil sonst alles in eine Anarchie ausartet.
Fällt diese Karte, dann ist eine gewisse Reife angesprochen. Das Verhalten des Narren ist nun nicht mehr angebracht. Die Mutter ist es, die über die Erziehung eines Heranwachsenden entscheidet, der sich zuerst vor ihren Augen bewähren soll. Die Zahl drei erinnert an die Einstellung des Pythagoras, der lehrte, daß die Zahl drei die erste irdische Zahl sei. Sie deutet aber auch auf das Zusammenspiel von Sonne, Mond und Erde hin. Wer den Weg der Erkenntnis, den Weg nach innen gehen will, darf also das Irdische nicht außer acht lassen. Er muß auch lernen, das Gemessenwerden als Werteinschätzung zu akzeptieren. Daher führt diese Karte mehr zur Exoterik als zur Esoterik, da sie uns lehrt, bei allem Streben zum Himmel die Füße auf der Erde zu behalten.

In Stichworten

Allgemein   Die Wirklichkeit mit neuen Augen sehen. Das Notwendige anerkennen. Die weibliche Autorität respektieren, Erziehung nicht als eine Last empfinden. Das Verhältnis zur Mutter klären.

Der Tarot

Liebe Die erziehende Liebe, auch die Mutterliebe. Das Problem der Abnabelung lösen. Auch die Pflichten der Liebe anerkennen. Bereit sein zum Opfer.

Beruf Das Lernen, die Pflicht. Auch eine weibliche Führung wird akzeptiert. Die Kraft haben, Güte zu zeigen und Fehler zu verzeihen.

Gesundheit Sich auf helfende Fürsorge verlassen, sich aber auch für die Fürsorge an anderen zur Verfügung stellen.

Vermögen Das Erworbene wird gehütet. Vertrauensvolle, aber nicht geizige Sparsamkeit. Das Selbstverdiente ist der Grundstock des Kapitals.

Freunde Bindungen auf einer vernünftigen Basis. Vertrauen wird belohnt, Verfehlungen werden immer bestraft.

Gedanken Reale Lebensmeisterung steht im Vordergrund. Die Lehrjahre bleiben unvergeßlich. Die Gedanken sind nicht egozentrisch, sondern sozial ausgerichtet.

Gefahren Zu große Sachlichkeit erstickt Träume. Überschätzung des Realen. Menschen mehr nach ihrer Nützlichkeit einstufen. Utopien haben keine Chance, scheinbar irreale Träume auch nicht. Überschätzen der Logik. Die Tageskasse muß stimmen.

Entwicklung Lern-, Lehr- und Erziehungszeit im Hinblick auf die meist überschätzten Realitäten.

Die große Arcana

Der Herrscher

Diese Karte trägt die Nummer 4 der großen Arcana. Sie wird im Englischen *The Emperor* und im Französischen *L'Empereur* genannt. Im Ägyptischen Tarot heißt dieses vierte Blatt *der Pharao*. Wie die Herrscherin trägt auch der Herrscher ein Zepter. Aber er wacht nicht über das Alltägliche, sondern über den großen Rahmen in der Gesellschaft, wenn er auch den Vater repräsentiert. Auch dieser Herrscher mußte erst lernen, sich selbst zu beherrschen, bevor er seine Führungsrolle antreten konnte. Das wird oft durch

Der Tarot

die Tierbilder ausgedrückt, die auf der Karte zu sehen sind. Man ist erst reif zur Herrschaft, wenn man das Nur-Animalische in sich besiegt hat. Der Herrscher steht für die weltlichen Gesetze.

Bedeutung   Hier geht es um das Autoritäre schlechthin. Einmal vom Standpunkt derjenigen, die auf die Autorität fixiert sind, zum anderen für diejenigen, die die Autorität verkörpern oder ausführen. So sind hier auch alle Vorgesetzten, sowie alle Behörden gemeint, der Präsident oder Minister, mit dem man es zu tun hat. Das Bedürfnis nach Autorität war zu allen Zeiten sehr groß, eine führende Persönlichkeit ohne Autorität ist zum Scheitern verurteilt.

Auch die Abhängigen lieben Vorgesetzte mit bestimmender Verantwortungsbereitschaft, denn das gibt ihnen Sicherheit und Ruhe. Aber Autorität ist kaum erlernbar, sie muß – mindestens im Ansatz – vorhanden sein. *Der Herrscher* gilt auch (zusammen mit *der Herrscherin*) als Vater und Beschützer der Zivilisation.

Außerdem ist in ihm aber auch das Symbol des Strebens nach Macht und Würde zu sehen. So ist eine Gefahr des Hochmuts in zahlreichen Fällen nicht ganz auszuschließen.

Die meisten Herrscher im Leben sind von einer gewissen Eitelkeit geprägt, wodurch sie für Schmeicheleien empfänglich sind. Ferner spielt der Stolz eine große Rolle, was die Herrscher oft hindert, gerecht zu urteilen oder zu handeln. Dann nämlich, wenn Nachgeben als Schwäche angesehen wird. Erst wer über den Dingen steht, wie der Gott Jupiter als Herrscher des Olymps, kann die Schwächen anderer verzeihen. Eine Schwäche allerdings verzieh diese Gottheit nie, das war die Undankbarkeit. Die Gefahr, undankbar zu sein, lebt in uns allen, und wer ihr erliegt, verliert seinen moralischen Anspruch.

In Stichworten

Allgemein   Die Autorität vom Vater über den Vorgesetzten bis zum Obrigkeitsvertreter. Die irdische Macht und Gerechtigkeit. Die Notwendigkeit der Selbstbeherrschung.

Die große Arcana

L i e b e Die väterliche Liebe, aber auch die Liebe von und zu älteren Personen. Gefährlich wird es, wenn die Liebe der Chefin oder des Chefs ins Spiel kommt.

B e r u f Die berufliche Förderung, die Protektion. Beförderungen. Der gerechte Lohn. Die Zielbewußtheit, etwas darzustellen. Die Karriere, den beruflichen Werdegang fördernd. Aber Vorsicht: Nicht immer nur Förderungen erwarten.

G e s u n d h e i t Höhe der Lebenskraft. Der Professor oder der geniale Arzt, den man sucht. Vorsicht vor dem Übermaß der Zivilisation und den Genußkrankheiten.

V e r m ö g e n Real erworbener Reichtum. Günstiger Umgang mit dem Kapital. Großzügigkeit bis Verschwendung. Guter Geldverwalter oder Berater.

F r e u n d e Freunde in hoher Position. Fördernde Freundschaften. Die Loge, die Clique, die Partei- oder Gewerkschaftsspitze. Streben in die Schickeria.

G e d a n k e n Stolz spielt im Denken eine große Rolle, auch der Wunsch nach Einfluß. Oft drehen sich die Gedanken nur um die eigene Anerkennung.

G e f a h r e n Hochmut, Machtmißbrauch, Übermut. Auch Maßlosigkeit und die Gefahr, sich Autoritätsrechte einzureden, die man nicht hat. Meist fehlt die Bereitschaft, Ratschläge anzunehmen. So wird der Herrscher zum rechthabenden Diktator, der nur noch Gehorsam erwartet.

E n t w i c k l u n g Selbsterziehung, Streben nach Leistung Auseinandersetzung mit den Gesetzen und Spielregeln der Gesellschaft.

Der Tarot

Der Hohepriester

Die Nummer 5 der großen Arcana wird auch *Le Pape* (französisch) oder *The Pope* (englisch) genannt, was ja soviel wie Heiliger Vater bedeutet. Sie heißt aber auch *Jupiter* oder *der Hierophant* und wird sogar *The Master of the Arcanes* genannt. Dies alles unterstreicht die Bedeutung dieser letzten der fünf großen Personenkarten. Es unterstreicht auch, daß der Hohepriester über dem Herrscher steht.
Der Hierophant ist einer, der die heiligen Dinge erklärt. Er war einst derjenige, der Lehrer wie Schüler durch die Mysterien geleitete, um sie in die großen Geheimnisse einzuweihen. Hinter seinem Bild verbirgt sich der ägyptische Gott Thot, der Herr der Zeit, der Herr der Zahlen und des geheimen Wissens.

Die große Arcana

Bedeutung Diese Karte ist eine Prüfungskarte, was die vor dem Hohepriester meist knienden Menschen versinnbildlichen. Dabei geht es mehr um eine Selbstprüfung, als um eine Bewährung vor einer Institution oder einem Amt. Es geht ferner um eine innere Demut, ja um ein Bekenntnis zum Glauben. In fast allen Religionen wird gekniet, aus Ehrfurcht vor der Gottheit in uns und außer uns. So kann man diese Karte auch mit Recht als Glaubenskarte bezeichnen. Bei ihr kommt niemand auf den Gedanken, alles allein zu können, die Gunst des Schicksals sollte uns behüten.
Es ist die Karte der inneren Verantwortung zur eigenen Reife. Hier nimmt uns niemand die Verantwortung ab, ganz gleich, ob wir etwas können oder nicht. Im alten Ägypten entschieden die werdenden Adepten (Eingeweihten) selbst, wann sie soweit wären, priesterliche Pflichten zu übernehmen. Allerdings stuften sich die Priester dann auch eventuell selbst zurück. Alle, die in hohe oder heilige Ämter strebten, mußten sich zuvor mit ihren Dämonen in sich auseinandersetzen. Die Seele (oder das Innere), die eigene Tiefe mußte durchleuchtet und erhellt sein.
Es ist auch die Karte des guten Gewissens, das man nach Selbstprüfungen haben kann. Der Herrscher erläßt noch Gesetze und führt, hier gibt es bestenfalls Gebote, aber keine direkte Führung. Niemand ist da – außer einem selbst – der sagt: Tu dies und handle so!

In Stichworten

Allgemein Die Prüfung vor sich selbst. Die Anerkennung göttlicher oder übergeordneter, geistiger Gebote. Der Ablauf der Zeitgesetze ist Voraussetzung zum Erkennen der inneren, kosmischen Gesetze. Die Geheimwissenschaften können Bedeutung erlangen.

Liebe Die Liebe zu den Göttern, die tiefe Einsicht der Liebe zu sich selbst mit allen Schattenseiten.

Beruf Die Eigenbewährung. Der eigene Meisterbrief. Das tiefe Wissen: Ich kann es. So ist Sicherheit im Beruf und in die eigene Berufung zu finden.

Der Tarot

Gesundheit   Krankheit als Besinnungs- und Lernphase. Die Krise, die zu einer inneren Läuterung führt. Die Krankheit als Prüfung. Der Gewinn einer neuen Lebenseinstellung.

Vermögen   Überwindung des oberflächlichen materiellen Denkens. Opferbereitschaft. Die Erfahrung der Verluste als Lernstufe einsehen.

Freunde   Die sehr tiefe Bindung durch gemeinsame Interessen auf geistigen oder esoterischen Gebieten.

Gedanken   Das innere Geheimnis der geistigen Welt zu erfahren. Die notwendige Auseinandersetzung mit dem Glauben oder den einzelnen Religionen. Die Erkenntnis, daß der Himmel in uns wohnt.

Gefahren   Geistiger Hochmut, auch Hochmut des Glaubens. Die Meinung, daß alle „Ungläubigen" im Unrecht sind. Die Verurteilung anderer Glaubensrichtungen. Eine eventuell aufkommende Scheinheiligkeit. Pharisäertum.

Entwicklung   Die Selbstprüfung in der Lebenskrise. Die Auseinandersetzung mit dem eigenen Fehlverhalten. Zeit der Klausur und des Zusichfindens.

Die große Arcana

Die Entscheidung

Diese Karte trägt die Nummer 6 der großen Arcana. In den meisten Decks heißt die Karte *Die Liebenden* oder *L'Amoureux* (französisch) beziehungsweise *The lovers* (englisch). Diese Namen sind sicher so nicht ganz richtig.

Der Tarot

Im Egyptian-Tarot wird die Karte mit *The Two Ways* betitelt, was den Sinn besser erfaßt. Ein Mann steht zwischen zwei Frauen (außer im Swiss- und im Rider-Tarot), aber es geht weder um einen Kampf der Geschlechter noch um eine Wahl zwischen zwei Frauen. Nein, diese erste „menschliche" Karte symbolisiert die Gabe, seinen Kopf zu gebrauchen. Die beiden Frauen verkörpern das Helle (blond) und das Dunkle. Beides muß bei einer Entscheidung berücksichtigt werden. Diese Polarität wird uns hier vermittelt.

Bedeutung   Die Karte zeigt die Notwendigkeit der Entscheidung für den weiteren Weg an, den der Mensch gehen will oder gehen muß. Dabei ist wichtig zu wissen, daß jeder Weg seine Schattenseiten hat. Wir können das auch den zweiten Weg nennen. Es handelt sich also einmal um den realen, materiellen Lebensweg, der vom Kopf bestimmt wird, und daneben um den geistigen Weg, der auch die Seele berücksichtigt. Jeder Weg für sich allein führt nicht zum Ziel, das ist an den ersten fünf großen Personenkarten deutlich geworden. Der Mensch darf nach der Begegnung mit den Autoritäten der fünf Personenkarten nun nicht mehr in die Rolle des Narren zurückfallen. Die Hauptlernphase ist beendet. Meist ist ein Cupido abgebildet, der einen Pfeil abschießt. Aber der Pfeil ist auf einen Kopf gerichtet, nicht auf das Herz, was das Gesagte unterstreicht. Hier steht (noch) zur Debatte: folge ich meinem Bewußtsein, meinem Kopfdenken, oder versuche ich auch das Unterbewußtsein bei meinen Entscheidungen zu befragen? Denn der Intellekt ist nicht alles. Es leben Kräfte in uns, die wir nicht – oder wenn – kaum kennen. Die Entscheidung muß sowohl vom Bewußtsein wie vom Unbewußten her getroffen werden. Mit dieser Karte ist der Mensch zum Erwachsenen geworden: nun trägt er die Verantwortung für sich selbst ganz allein..

In Stichworten

Allgemein   Eine Entscheidung muß getroffen werden, die Wahl der künftigen Wege steht bevor. Alle Möglichkeiten sind abzuwägen, aber der Kopf darf nicht allein der Entscheidungsträger sein. Jeder Entschluß sollte überschlafen und dann mit Mut getroffen und verwirklicht werden.

Die große Arcana

Liebe Auch hier drängt alles zu einer Entscheidung, die unausweichlich ist und bei der nicht nur die erotische Leidenschaft im Vordergrund zu stehen hat. Eine Bindung verlangt mehr als die Lust aneinander. Jede Liebe kennt stärkere Forderungen, zum Beispiel das gemeinsame Altwerden.

Beruf Die Berufswahl entscheidet über den Lebensweg. Nicht ausschließlich an die Aufstiegschancen denken. In die Überlegungen einbeziehen, daß die innere Berufung nie außer acht gelassen werden darf.

Gesundheit Wichtige Entscheidungen sind fällig. Etwa: Soll ich zur Voruntersuchung gehen, soll ich mich operieren lassen oder die sanfte Medizin vorziehen? Auch die Wahl des Arztes ist damit verbunden.

Vermögen Erste Frage, die zur Entscheidung führt: Was kann ich, was vermag ich? Es geht um die richtige Nutzung sowohl der materiellen wie der geistigen Voraussetzungen.

Freunde Es ist eine Auswahl zu treffen. Oft bei der Tatsache: Akzeptieren meine Freunde meine Entscheidungen?

Gedanken Nicht mehr das „Was" ist wichtig, sondern das „Wie". Gedanken darauf ausrichten, wie ich dem Ziel meines Lebens näherkomme.

Gefahren Keine Entscheidungen zu treffen. Immer überwiegen die Zweifel. Zu viele Ratgeber werden befragt, Verantwortung wird auf andere abgeschoben.

Entwicklung Entscheidungsphase. Über sich hinauswachsen, weil nun alles an einem selbst liegt. Stets beide Seiten sehen!

Der Tarot

Der Siegeswagen

Diese Karte ist die Nummer 7 der großen Arcana. Sie wird auch *Le Chariot* (französisch) oder *The Chariot* (englisch) genannt. Aber sie trägt auch den Namen *Wagen des Osiris* oder wird nur schlicht als *der Wagen* bezeichnet

Die große Arcana

(Swiss Tarot). Meist sehen wir einen Fürsten auf dem Wagen, der oft von zwei Pferden oder zwei Sphinxen oder sogar von einem Kentaur gezogen wird. Der lenkende Fürst trägt oft ein Zepter oder einen Hirtenstab in der Hand. Es ist ein Bild der Macht, das am Ende des ersten Weges der 21 großen Arcana-Karten zu erblicken ist. Die Wagen sind meist prunkvoll und prächtig gestaltet.

Bedeutung Das Bild des Siegeswagens symbolisiert jedoch keinen Sieg über andere, sondern einen Sieg über sich selbst. Die erste große Etappe des Weges der Erkenntnis ist geschafft. Indem der Mensch seine eigenen Entscheidungen gefällt hat, ist er selbständig geworden und damit zum Fürsten seines Lebens, das er nun lenkt. Dabei ist Vorsicht geboten, denn manche Siegeswagen überrollen alles, was sich ihnen entgegenstellt. Übermut wäre hier das Falscheste, auch zu früher Triumph! Das Wichtige bei diesem Bild ist nicht der Wagen, sondern wie er gelenkt wird. Auffallend hierbei, was nicht zu sehen ist: die Zügel. Jeder Wagenlenker muß erst lernen, sich selbst zu zügeln, ehe er die Zügel ergreift.

Für den berühmten Wagenlenker aus Delphi galt der Spruch: „Nicht auf den Wogen der Stimmungen zu reiten, zu lenken, sondern sich gemessen selbst an die Zügel der Emotionen zu nehmen". Dieser Ausspruch kann auch für diese Karte gelten. Freude ja, aber nichts im Übermaß! Deutlich wird dies auch durch die zwei Zugtiere, die mal weiß, – mal schwarz dargestellt sind. Meistens wollen die Zugtiere den Wagen in zwei verschiedene Richtungen ziehen, und es kommt auf den Lenker an, in der Mitte so zu steuern, daß das anvisierte Ziel zu erreichten ist. Diese Karte verführt aber auch, daß man sich zu früh als Sieger fühlt, oder vielleicht im Sieg einem gewissen Größenwahn an den Tag legt.

In Stichworten

Allgemein Der erste wahre Sieg über sich selbst. Die Feinde in uns sind am schwersten in Zaum zu halten und zu besiegen. Selbstüberwindung und der Wille, über sich hinauszuwachsen. Ein positiver Weg ist eingeschlagen.

Der Tarot

L i e b e Stärke und Kraft in der Liebe. Die Liebe ist kein Selbstzweck mehr. Beim Geben und Nehmen überwiegt das Geben. Einsatz, die Liebe zu erhalten.

B e r u f Eine Beförderung, eine Gehaltsaufbesserung, aber auch die Last, mehr Verantwortung zu tragen. Aufstieg in die Chefetage. Eine Etappe des Ziels ist erreicht.

G e s u n d h e i t Voller Kraft. Wenn man krank ist, dann hat die innere Heilung eingesetzt. Gesundung aus sich selbst heraus, zusätzlich zur ärztlichen Betreuung. Aber auch Gefahr des Übermuts, die Ansicht: Mir kann nichts passieren. Ich überlebe immer.

V e r m ö g e n Gewinnerfolg. Die Finanzen bessern sich. Vorsicht vor dem materiellen Leichtsinn. Gefahr, zu vieles auf Kredit zu kaufen, weil es danach aussieht, als hätte man es finanziell geschafft.

F r e u n d e Man macht mit Freunden gute Erfahrungen. Im engen Bekanntenkreis wird man nun hoch eingeschätzt.

G e d a n k e n Ich schaffe, was ich mir vorgenommen habe. Nun bin ich wer, ich werde mich nie mehr unterbuttern lassen. Der Wunsch, allgemein anerkannt zu werden.

G e f a h r e n Übermut. Zu große Siegessicherheit. Selbstüberschätzung. Hochmut. Ab nun wird wie im Zirkus ohne Netz gearbeitet. Man wagt und gewinnt und sieht die Gefahren nicht mehr.

E n t w i c k l u n g Die erste vollgültige Eigenbestätigung. Optimistischer Zukunftsblick.

Die große Arcana

Die Gerechtigkeit

Diese Karte ist die Nummer 8 der großen Arcana. Sie wird auch *La Justice* (französisch) oder *The Balance And The Sword* (englisch) genannt. Die Figur der Gerechtigkeit trägt so gut wie immer ein Schwert oder hält eine Waage. Die Gerechtigkeit will also verteidigt sein, das Recht muß notfalls

Der Tarot

mit Kampf durchgesetzt werden. Die Frauen, die Schwert und Waage halten, werden sehr kämpferisch dargestellt, und sie begegnen uns am Anfang des zweiten Weges. Erst wer wirklich gerecht gegen sich selbst ist, der kann gewinnen. Die Selbstgerechtigkeit allerdings ist von allen zu überwinden.

Bedeutung Um das Recht muß man kämpfen. Niemand bekommt sein Recht geschenkt. Wenn Unrecht zu lange geduldet wird, geht das Vertrauen verloren. Gerechtigkeit gilt als eine der Kardinaltugenden, die unbedingt beachtet werden müssen. Dabei ist wichtig zu erkennen, daß Gerechtigkeit nie einseitig sein darf, daher werden auch immer „neutrale" Personen (Richter) beauftragt, Recht zu sprechen. Für den Tarot heißt dies, daß auf dem Weg zur Erkenntnis immer die verschiedenen Gewichte gegeneinander aufgewogen werden müssen. Niemand hat nur recht, niemand ist allein schuldig.
Bei dieser Karte geht es aber weniger darum, über andere Recht zu sprechen, sondern über sich selbst. Es wird – das ist alte ägyptische Tradition – das eigene Herz gewogen. Die toten Seelen mußten sich vor dem Totengericht selbst anklagen, verteidigen und richten. Deswegen sind die Augen der Gerechtigkeit nicht (oder nur ganz selten) verbunden. Es ist schwer genug, andere zu beurteilen und abzuurteilen, aber viel schwerer ist es, dies bei sich selbst zu tun. Und darum geht es. Natürlich sagt die Karte auch aus, daß man im Recht sein kann, aber Recht zu haben, heißt ja noch nicht, auch Recht zu bekommen. Immer wieder geht es im Tarot dabei um die richtige Lebensbalance, darum, seine Mitte zu finden oder nicht zu verlieren.

In Stichworten

Allgemein Der Ausgleich, die richtige Balance. Die Harmonie, die man erreicht, indem man sich selbst richtig einzuschätzen lernt. Gerechtes Werten ist oberstes Gesetz.

Liebe Die Harmonie in der Bindung, die tiefe Gleichberechtigung. Das Verstehen, wobei einer den andern auch mit seinen Fehlern anerkennt. Wer so liebt, der liebt richtig.

Die große Arcana

Beruf Sich gut bewertet fühlen. Harmoniestreben am Arbeitsplatz. Man kommt zur richtigen Einstufung.

Gesundheit Sanguinische Hoffnung. Harmonie von Geist und Körper. Gesunde Ernährung, auch Lebenshaltung. Die Balance des Unbewußten zum Bewußten sollte angestrebt werden.

Vermögen Den Lebensumständen angepaßt. Manche Verschwendung scheint überwunden. Nicht mehr über die eigenen Verhältnisse leben. Dafür kommt auf die Betroffenen eine weitgehend gerechte Bezahlung zu.

Freunde Ein gutes inniges Verhalten. Herzensfreundschaften sind wichtig. Man ist bei Freunden angesehen, kann auch auf Hilfe hoffen. Man ist nicht allein und verlassen. Und wenn, ändert sich das schnell.

Gedanken Voller Ausgeglichenheit. Kein: „Zu Tode betrübt, zum Himmel hoch jauchzend". Die Gedanken kreisen nicht mehr nur um die eigene Person.

Gefahren Sich zu sehr auf die Gerechtigkeit verlassen. Falsche Vertrauensseligkeit. Der Satz „Es wird schon werden", ohne daß etwas getan wird, gilt nicht. Nicht denken, daß andere alles übernehmen.

Entwicklung Ausgleich in sich finden ist Voraussetzung für einen ausbalancierten Lebensablauf.

Der Tarot

Der Eremit

Diese Karte ist die Nummer 9 der großen Arcana. Der Name dieser Karte ist einheitlich: *L'Hermite* und *The Hermit*. Nur in einem ägyptischen Deck heißt sie *Verschleiertes Licht*. Und darum geht es: Um das Licht, das auch in der Einsamkeit leuchtet, denn allein sein, heißt nicht, einsam sein.
In der Einsamkeit versucht *der Eremit* in sein Dunkel Licht zu bringen, denn das Dunkle scheint den Mann fast zu erdrücken. Diese Karte ist – bis auf den Ansata-Tarot – von einer bestechenden Einfachheit, dabei fällt der Mantel oder Umhang auf, mit dem *der Eremit* bekleidet ist. Der Mantel wirkt wie eine Mönchskutte, was darauf hindeutet, daß der Mann auf dem Bild sich offenbar intensiv mit dem Glauben auseinandersetzt.

Die große Arcana

Bedeutung Immer wieder muß der Mensch in die Einsamkeit gehen, um seine inneren Stimmen zu hören. Wer dies nicht tut, der wird wieder zum alten Narren. Es gibt in der menschlichen Entwicklung kaum etwas Schlimmeres, als aus seinen Erfahrungen nichts gelernt zu haben.

Wenn etwas schief geht, muß man zuerst in sich nach den wahren Gründen suchen, dann erst darf die Suche in der äußeren Umgebung fortgesetzt werden. Es ist freilich schwer, die Schuld immer zuerst bei sich selbst sehen zu müssen, aber es ist gewiß der kürzeste Weg zum Ziel, das man sich gesteckt hat.

Nicht jeder wird ein weiser, alter Mann, das ist auch nicht notwendig. Nur, ein alter Narr zu werden, das darf nicht das Ziel sein! Aber wie erkennt man, daß man vielleicht auf dem falschen Weg ist? Eigentlich ganz einfach.

Wem äußere Anerkennung zu viel bedeutet, der ist schon verführt. Selbstverständlich gehört auch Anerkennung durch die Außenwelt zu unserem Leben, noch wichtiger aber scheint das Gefühl, sich selbst treu geblieben zu sein. Das gelingt nur, wenn man die größten Anforderungen an sich selbst stellt. Der Eremit macht es sich sicher nicht leicht, aber er weiß, daß er um diese Selbsterkenntnis nicht herumkommt.

Wer nach innen schaut, der wird nach außen nie unangemessen auftreten, der wird nicht hochmütig oder anspruchsvoll.

In Stichworten

Allgemein Das Bemühen um Einsicht. Die eigene Klausur. Die Stille, um das Innere zu vernehmen. Die eigenen Fehler erkennen, die verführerischen Dämonen in sich besiegen.

Liebe Die Liebe, die auf Einsicht und Weisheit beruht. Auch die höhere Liebe, die nicht nur weltlich ausgerichtet ist. Das stumme Verstehen, das Verzeihen der Fehler.

Beruf Das Arbeiten in der Ruhe und Stille. Die Aufgabe hat Vorrang, nicht das Lob. Die Bilanz der Arbeit. Vielleicht der Abschied vom Beruf.

Der Tarot

G e s u n d h e i t Erkennen psychosomatischer Zusammenhänge. Das Wissen, daß es bei jeder Krankheit eine eigene Mitschuld gibt. Heilprozesse aus sich selbst heraus mobilisieren.

V e r m ö g e n Das materielle Vermögen spielt in dieser Lebensphase der Besinnung keine allzu große Rolle. Wichtiger sind die Werte, die auf Wissen und persönlicher Erfahrung beruhen.

F r e u n d e Alle Bindungen werden überprüft. Beruhte eine Verbindung etwa auf Schmeichelei oder Bestechlichkeit? Wertlegen auf wenige, aber wahre Freunde.

G e d a n k e n Die Gedanken wandern immer häufiger nach innen. Sie sind kaum mehr durch äußere Abläufe zu beeinflussen.

G e f a h r e n Sich zu bewußt außerhalb der Welt stellen. Die eigene Abkapselung darf nicht dazu führen, daß alles in der Umwelt als nichtig erscheint. Gefahr, manche Askese zu übertreiben. Der falsche Stolz, sich selbst in der Enthaltsamkeit zu bewundern.

E n t w i c k l u n g Die Einsichtigkeit, die Selbsterkenntnis, die Eigenentschleierung. Die große Ruhe nach und vor dem Sturm.

Die große Arcana

Das Rad des Schicksals

Diese Karte ist die Nummer 10 der großen Arcana. Sie wird auch *die Sphinx* genannt oder *La Roue de Fortune* (französisch) beziehungsweise *The Wheel Of Fortune* (englisch). Oft wird auch der Name *Glücksrad* gebraucht, was

Der Tarot

nicht so treffend erscheint. Im Mittelpunkt steht ein großes Rad, Symbol für die Tatsache, daß sich am Himmel und auf Erden alles dreht, daß dem Hellen das Dunkle folgt und umgekehrt. Das Tierische muß herab, das Menschliche steigt dafür auf. Meist thront auf dem Rad eine Sphinx, Gleichnis für das ewige Menschheitsrätsel vom Werden und Vergehen. Dieses Weltenrad fordert uns auf, unsere Fortune zu erringen (auch in der Schreibweise: Fortüne), wobei der Begriff Fortune nicht einfach mit Glück verwechselt werden darf. Fortune ist das innere Glück, das mit materiellen Gütern sehr wenig zu tun hat.

Bedeutung   Es geht um das Wissen, daß alles einen Preis hat, aber daß sich alles wenden kann, solange der Mensch nur will. Ein Symbol auch für das Gerädertsein durch Pflichten und Sorgen, das Verzweiflungen auslöst, aber nicht zu umgehen ist. Der stete Wandel, dem sich keiner entziehen kann. Wer auf einem Gipfel angekommen ist, der sieht von dort oben einen noch höheren Berg. Um diesen aber zu ersteigen, muß er von seinem Gipfel herunter ins Tal, um dann einen neuen Aufstieg zu unternehmen. Das ist das ewige Rad, das uns weiterbringt oder untergehen läßt.

Dieses Rad symbolisiert den Kreislauf von Sonne, Mond und unserer Erde. Ihm sind wir ausgesetzt, auch wenn wir dies nicht bemerken mögen. Aber der *Rhythmus des Kosmos lebt auch in uns.* Wie oben – so unten. Das allein ist das Geheimnis der Astrologie und auch der Tarotkarten, die ja immer wieder neu gemischt werden. Wer das nicht aufnimmt, erliegt einer großen Narretei. Goethe hat es trefflich ausgedrückt, als er im Faust formulierte: „Werd ich zum Augenblicke sagen, verweile doch, Du bist so schön – dann kannst Du mich von hinnen tragen". Es gibt kein Verweilen. Ein Verweilen ist das Ende, ist der Tod. Daher ist diese Karte oft schwer zu deuten, aber sie ist besonders geeignet für die Meditation, für die stille Selbstbesinnung.

In Stichworten

Allgemein   Das ewige Auf und Ab. Wer es geschafft hat, der muß mit dem Sturz rechnen, wer unten ist, bekommt alle Chancen, aufzusteigen. Fortune liegt in jedem selbst.

Die große Arcana

Liebe Der Kampf um die Liebe. Die Krise, die immer einmal auftaucht, um die Bindung zusammenzuschweißen. Auch die Wandlung der Liebe als Voraussetzung für eine Partnerschaft, die ein Leben lang hält.

Beruf Das Bemühen, noch besseres zu leisten. Lernen, Kritik zu ertragen. Der Auf- und Abstieg als Antrieb oder Bremse.

Gesundheit Die Krise, der Höhepunkt einer Krankheit. Die Umkehr zur Heilung. Aber auch das Auf- und Ab, der Streß, der zu einer Krankheit führt. Das Gefühl der Ausweglosigkeit muß überwunden werden.

Vermögen Verlust und Gewinn aus eigenem Fehlverhalten. Der Umgang mit den Werten muß neu gelernt werden. Das Verhältnis von Einnahmen zu Ausgaben ist neu zu überdenken.

Freunde Der Wechsel innerhalb des Freundeskreises. Neue Prioritäten setzen. Alte Freunde müssen eventuell verlassen werden.

Gedanken Sich geprügelt und erschlagen fühlen. Die Überlegungen, wie man dem Gerädertsein entgehen kann. Der Wunsch, sich gegen den Lebensablauf zu stemmen. Nachdenken über die wahren Lebensgesetze.

Gefahren Das Überdrehtsein. Die Überanstrengung. Die meist vergebliche Auflehnung gegen die Gegebenheiten. Sich nicht dem Rhythmus des Auf und Ab anpassen zu können.

Entwicklung Bei Einsatz aller Kräfte Wunsch und Chance, über sich hinauszuwachsen. Die große Lernphase angehen.

Der Tarot

Die Kraft

Die Nummer 11 der großen Arcana stellt genau die Mitte dar, denn zehn Karten liegen vor ihr, zehn Karten nach ihr. Die Namen *Kraft* oder *La Force* (französisch) beziehungsweise *Force* (englisch) sind fast einheitlich. Manchmal tauchen auch die Namen *Die Stärke* oder *Der gezähmte Löwe* auf oder *Die Lust*. Symbolisiert wird aber die innere Kraft in uns.

Es ist immer eine Frau, die den Löwen, den König der Tiere gezähmt hat. Allein im Swiss-Tarot ist es ein Mann, sicher der Herkulessage nachempfun-

Die große Arcana

den. Hier findet auch ein Kampf statt, während ansonsten die jeweilige Frau den Löwen spielerisch beherrscht. Auf der Mitte des Weges hat der suchende Mensch seine innere Kraft errungen, mit der er nun geschickt und diplomatisch umgehen muß. Er ist auf dem Höhepunkt seiner Reise durch die Lebenserfahrungen angekommen. Im Sport würden wir sagen: Nun ist Halbzeit.

Bedeutung   Der Löwe galt immer als Symbol der Sonne. Der Mensch hat nun gelernt, mit seiner inneren Sonne umzugehen, aber auch dieser Umgang muß äußerlich wie innerlich gekonnt gehandhabt werden. Es ist tiefes Wissen, daß als Hauptsymbol hierfür eine Frau gewählt wurde, da man den Frauen nachsagt, daß sie nicht – und wenn überhaupt, dann nur in Ausnahmefällen – die Heldenrolle spielen wollen. Da die Sonne esoterisch immer mit dem Herzen identifiziert wurde, kann man folgern: Zu viel Herzensgabe führt zur Selbstaufgabe, während zu wenig Herzenswärme den Menschen erfrieren läßt.

Alle Personen zeigen sich waffenlos. Sie beherrschen ihre Löwenkraft aus dem Inneren heraus. Hier wird kein Zepter benötigt, keine Peitsche. Nur im Ansata-Tarot lenkt ein Dressurstab den Löwen, jedoch ohne diesen auch nur zu berühren. Der Löwe in jedem Menschen, die innere Kraft, will gezähmt und gelenkt sein.

Auch die potenzierte Kraft bedarf einer Führung. Schon in den alten Mythen unterwarf sich die wildeste und stärkste Gottheit, der Mars, ohne jeden Kampf der Venus. Wer mit Liebe geführt wird, der benötigt keine Gewalt, der ordnet sich ein, der weiß, was eine Gemeinschaft bedeutet.

Dieses Bildmotiv stellt nicht nur einen Höhepunkt dar, sondern auch einen Wendepunkt, denn innere Kraft erringen ist etwas anderes als innere Kraft besitzen.

In Stichworten

Allgemein   Die Kraft der Sicherheit. Das Gefühl, mit allen Schwierigkeiten fertig zu werden. Ein seltenes Hochgefühl lebt in den Menschen.

Der Tarot

Liebe Selbstbewußtsein befruchtet die partnerliche Bindung. Selbstverständliche Autorität ist vorhanden, die Machtkämpfe in der Partnerschaft verhindert, ja sogar unnötig macht.

Beruf Erfolg und Sicherheit. Auch die Unbeirrbarkeit Posten und Aufgaben abzulehnen, denen man sich nicht gewachsen fühlt. Eine gute Führungsausstrahlung.

Gesundheit Hochgefühl. Man könnte die Welt aus den Angeln heben. Strotzende Kraft. Schnelle Erholung nach Krankheiten und Operationen. Die Chance, den besten Arzt für sich zu finden.

Vermögen Es kommen Gewinne auf den Ratsuchenden zu. Gute Anlagechancen. Sicheres Gespür für den Umgang mit den materiellen Werten.

Freunde Positive Anregungen durch Freunde und Bekannte. Im Freundeskreis stellt man eine Autorität dar. Im Vereinsleben kann einem die Präsidentschaft oder etwas ähnliches angetragen werden. Hochgeschätzter Mittelpunkt im eigenen Kreis.

Gedanken Höchst positive Ausstrahlung. In Gedanken will man die Welt erobern. Nicht zu erschütternder Optimismus. Unstillbare Abenteuerlust.

Gefahren Übermut. Ein nur scheinbares Hochgefühl. Mangel an Feinnervigkeit. Siegerlaunen. Gefahr, die Absturzmöglichkeiten nicht zu sehen.

Entwicklung Sich auf der körperlichen, geistigen und materiellen Höhe des Bewußtseins zu befinden.

Die große Arcana

Der Gehängte

Diese Karte ist die Nummer 12 der großen Arcana. Sie heißt auch *der Hängende*, was am richtigsten ist, oder *Le Pendu* (französisch) beziehungsweise *The Hanged Man* (englisch). Aber es gibt auch Decks, da wird die Karte *der Gekreuzigte* genannt, was eigentlich falsch ist, denn der Mann, den wir sehen, hat sich freiwillig an einen Ast gehängt. Auch die Bezeichnung *die Prüfung* scheint fehlerhaft. Die freiwillig gewählte Lage dieses Mannes kommt am besten durch das bewußt angewinkelte Bein zum Ausdruck. Es ist immer wieder mal Zeit dafür zu sorgen, daß Blut in den Kopf fließt, was

Der Tarot

auch symbolisch gemeint ist. Auch darf sich der Kopf nie auf Dauer von der Erde abwenden, im Gegenteil, unser Denken muß bei allem Streben in geistige Höhen erdverbunden bleiben. Meist sind die Arme des Mannes bewußt verschränkt, oder der Hängende spielt auf einer Flöte eine Melodie. Er hat seine Musik wiedergefunden, worüber er sich freut.

Bedeutung   Diese Karte symbolisiert die Notwendigkeit, nicht blutleer zu handeln und zu denken. Sie symbolisiert auch, alles auf den Kopf oder in Frage zu stellen. Es geht darum, einmal alles von einer anderen Warte aus zu sehen, die andere Seite nicht aus den Augen zu verlieren.
Es ist eine entscheidende Wendung im Leben, wenn man bewußt nach unten blickt, denn auch in der Tiefe sitzen Werte, die wir erkennen müssen. So kann diese Karte sogar für Heimatliebe- oder Heimattreue stehen. Der Ort der Herkunft hat immer eine gewisse Bedeutung. Der Ausdruck Muttererde kommt nicht von ungefähr. Hier wird er wörtlich genommen. Dazu paßt, daß sich der Mann an einen Baum gehängt hat, was an den Lebens- wie an den Stammbaum erinnert, also an die Vergangenheit, an die Herkunft, die nie verleugnet werden darf. Diese Karte prüft, ob der Mensch noch fähig ist, sich umzustellen, etwas ganz Neues zu machen oder von vorn anzufangen.

In Stichworten

Allgemein   Die neue Lage, der neue Blickpunkt. Der Wille, vielfältig zu bleiben. Das Verlangen nach Abwechslung, aber auch der Blick zurück in die Vergangenheit. Kopf und Herz dürfen nie blutleer sein.

Liebe   Die verrückte Begegnung. Die neue Versuchung in einer bestehenden Bindung. Auffrischung einer alten Liebe. Die Besinnung auf das Gute von einst. Unbegreifliches Erlebnis in der Liebe.

Beruf   Der entscheidende Wechsel. Raus aus der Routine. Der Wagemut zum neuen Anfang oder zum Aussteigen. Aber auch die Chance, sich selbständig zu machen, weil man sonst keine Bestätigung findet.

Die große Arcana

Gesundheit Die Rückbesinnung auf eine gesunde Lebensweise. Abkehr von eventuellen Süchten oder Lastern. Ablehnung neuartiger Heilmethoden, sich wieder auf das Bewährte zurückziehen. Ausgraben alter Rezepte. Die Chancen zwischen alten und neuen Erkenntnissen abwägen.

Vermögen Die Bilanz, der Rückblick. Die Umdisponierung von heute auf morgen. Manche beruflichen Geldanleger werden auch vor den Kopf gestoßen, müssen wieder auf den Boden der Tatsachen zurück.

Freunde Alle Freundschaften werden überprüft. Bekannte werden von Freunden sehr genau unterschieden. Neue Ansichten auch im Freundeskreis. Sich einen anderen Verein oder Club suchen. Es wird wichtig, frische Impulse zuzulassen.

Gedanken Die Gedanken kreisen hin und her. Sie sind wieder von Leben erfüllt. Ideen aus den Emotionen, aus dem Blut heraus. Gleichzeitig Sehnsucht nach alten und neuen Erfahrungen.

Gefahren Alles Bisherige auf den Kopf stellen wollen. Wechsel der Ansichten. Verwerfen der bestehenden Werte.

Entwicklung Der große Umbruch für einen neuen Lebensabschnitt.

Der Tarot

Der Tod

Die Nummer 13 der großen Arcana heißt auch *La Mort* (französisch) und *The Death* (englisch), im ägyptischen Tarot wird sie *die Schwelle* genannt. Die Karte jagt leider immer einen großen Schrecken ein, wenn sie gezogen wird. Dabei geht es nie um einen körperlichen Tod, sondern nur um die Auseinandersetzung mit den Fragen, die sich um den Tod ergeben. Es sind die sogenannten kleinen Tode gemeint, wie Abschied, etwas aufgeben oder das Ende einer Liebe, eine Kündigung durch den Betrieb usw. Es geht stets

Die große Arcana

um einen Abschluß, aber nie um das Ende eines Lebens. Manche Todbilder sind schrecklich und furchterregend, daher für den Tarot nicht so gut geeignet, denn der Tod führt uns ja über eine Schwelle zu einem neuen Anfang, was etwa im Ansata-Tarot bestens herauskommt. Immer muß bedacht werden, daß etwas absterben muß, damit Neues Platz hat.

Bedeutung   Das Ende einer Arbeit, einer Begegnung oder einer Part-nerschaft. Ein Ende, das sicher schmerzlich ist, das aber auch immer zu neuen Ufern führt. Wenn es in der Natur keinen Tod gäbe (Herbst/Winter), dann gäbe es keinen Frühling und Sommer. Wenn die Früchte am Baum nicht abfallen, wachsen keine neuen nach. Karmisch gesehen (und dem folgen letztlich alle Religionen) gibt es auch keinen Tod der menschlichen Seele. Auch das Älterwerden bedingt ein Absterben, da die jugendlichen Kräfte verloren gehen, was aber durch Erfahrung und Reife mehrmals ausgeglichen werden kann.

Es gibt überall ein Stirb und Werde. Goethe schrieb: „Solange Du das nicht hast – das Stirb und Werde! Bist Du nur ein trüber Gast auf der dunklen Erde". An dieses Wissen erinnert die Tarotkarte 13 auf ihre Weise. Oft wird gesagt, die Zahl 13 bringt Unglück, deswegen heißt die Karte mit der 13 *der Tod*. Das ist Unsinn. Die Quersumme der 13 ist die Vier und die Vier ist eine Zahl des sogenannten Glücksplaneten Jupiter. Das Absterben einer Krankheit ist ja die Voraussetzung für eine Heilung, das muß stets berücksichtigt werden. Die Karte *Der Tod* ist folglich auch ein Heilsbringer, der uns durchaus zu neuen Ufern führen kann. Ein altes weises Wort lautet: „Wer mit der Zeit geht, der besiegt die Zeit". Das ist heute besonders wichtig, denn wer nicht krampfhaft ewig jung bleiben will, der lernt die Vorzüge aller Zeitphasen kennen. Wir sollten außerdem bedenken, daß die Karte *der Tod* nicht am Ende liegt, sondern in der Mitte. Bis zum Ende ist es noch sehr, sehr weit.

In Stichworten

Allgemein   Das Absterben, der Abschluß einer Angele-genheit, die grundsätzliche Auseinandersetzung mit dem Werden und Ver-gehen. Platz schaffen für neue Aufgaben.

Der Tarot

L i e b e Eine Liebe, die zu Ende geht. Eine Bindung, die nicht mehr zu halten ist, sollte nun auch getrennt werden. Keine Gefühle künstlich am Leben erhalten.

B e r u f Das Ende einer Aufgabe, einer Unternehmung, einer Firma. Beginn der Pensionierung. Auch eigenes Versagen im Beruf. Weggehen der Kinder.

G e s u n d h e i t Ende einer schweren Krise. Entscheidung zu einer Operation. Mut zu neuen Heilmethoden.

V e r m ö g e n Vorsichtig mit dem Kapital umgehen. Keine Spekulationen. Verluste sind einzukalkulieren. Keine Gewinnchancen, und seien die Zinsen noch so hoch. Konkursgefahr.

F r e u n d e Verlust von Freunden. Sorge um gute Bekannte. Das Ende eines Clubs oder eines Vereins. Die Notwendigkeit, sich neue Freunde suchen zu müssen.

G e d a n k e n   Viele Gedanken kreisen um den Tod, um das Ende. Grübeleien, die zur Depression führen können. Zu langes Hängen an veralteten Werten.

G e f a h r e n In Panik geraten, weil man von schlechten Nachrichten verfolgt wird. Auch die Selbstschädigung spielt eine gewisse Rolle. Gedanken über ein Ausscheiden aus dem Leben bewältigen. Zu materielles Denken. Aufgeben der eigenen Heilkraft. Den Glauben verlieren.

E n t w i c k l u n g Das Ende aller Entwicklungen bewußt in sein Leben einbinden. Verluste ertragen lernen, auch den Verlust von nahestehenden Menschen.

Die große Arcana

Das Maß

Diese Karte trägt die Nummer 14 der großen Arcana. Mit ihr ändert sich der zweite Wegabschnitt. Sie heißt auch *die Mäßigkeit*, *Tempérance* (französisch) oder *Temperance* (englisch). Sie wird auch *die Zwei Urnen* genannt, was der beste Name wäre, denn auf jeder Karte sind die beiden Urnen abgebildet, die ein engelhaftes Wesen mit Flügeln in den Händen hält. Man

Der Tarot

sieht, wie aus der einen (oberen) Urne Wasser in die andere (untere) Urne geschüttet wird. Es ist sicher kein normales Wasser, das da umgegossen wird, sondern eher eine „heilige" Spende, die uns der Himmel durch das engelhafte Wesen schenkt. Dieses Geschöpf ist auch als Schutzengel anzusehen, wenn wir die innere Balance oder das Maß einhalten, das uns gegeben ist. Die Karte symbolisiert den alchemistischen Grundgedanken der Wandlung. Das obere Wasser wird zum unteren, das untere (wenn die Urne gefüllt ist) zum oberen Wasser.

Bedeutung Die Grundaussage heißt: Vertraue der Wandlung, wisse, daß das, was oben ist, zum unteren wird und umgekehrt. Nur halte Maß, damit kein Tropfen der himmlischen Spende verloren geht. Die Karte symbolisiert außerdem, daß die linke Hand mit der rechten zusammenarbeiten muß, daß also das Rechte das Linke ergänzt, was erst zu einer Einsicht führt.

Da Frauen besser Maß halten können als der Mann, sind fast immer Frauen die tragenden Figuren dieser Karte. Jedoch im ägyptischen Tarot wird die Bedeutung hintergründiger. Da stellt sich nämlich der „kleine" Mensch unter den Schutz der „großen" Gottheit und empfängt von dieser das segnende Naß. Über diese Karte sollen wir unser Maß finden, das uns auch die Einordnung in unsere Welt ermöglicht. Jeder ist für einen Platz bestimmt. Er kann ihn ausfüllen, wenn er das gültige Gesetz (Maß), das in ihm lebt, genügend beachtet. Das rechte Maß vereinigt auch Gegensätze zu einer Einheit, es ermöglicht, daß niemand aus der Welt ohne eigene Schuld herausfällt.

In der Alchimie galt stets der Grundsatz, daß Gegensätze zu vereinen sind, wie der Hermaphrodit, das zweigeschlechtliche Kind von Hermes und Aphrodite, uns zeigt. Und in jedem von uns lebt sowohl das Weibliche wie das Männliche, das wir in uns vereinen müssen.

In Stichworten

Allgemein Die Vereinigung der Gegensätze auf gleichwertiger Basis, das Verschmelzen zu einer Einheit. Aus dem Entweder/Oder eine Einheit schmieden. Das Erkennen und Befolgen höherer Gebote.

Die große Arcana

L i e b e Liebe in allen Phasen und Situationen. Auch die gleich-
geschlechtliche Liebe ist hier zu nennen. Die Anziehung der Gegensätze bis zur Vereinigung.

B e r u f Der völlig andere Weg der Gleichberechtigung. Das
Sichanpassen an neue Entwicklungen. Bis dahin unerkannte
Chancen nutzen. Das Verhältnis zwischen Chef und Abhängigem kann
kollegial werden.

G e s u n d h e i t Krankheit als Weg zur Erkenntnis. Den
Glauben (egal welchen) durch die eigene Belastung wiederfinden.
Die Vereinigung von Schulmedizin und alternativer Heilkunde. Zusammen-
arbeit von Ärzten und Heilern.

V e r m ö g e n Das Gleichgewicht zwischen den geistigen und
den materiellen Werten anerkennen. Auch die Pflicht der Vermö-
genden, den Ärmeren zu spenden.

F r e u n d e Über alle Hautfarben und Rassen hinweg die Bereitschaft haben, freundschaftliche Bande zu pflegen.

G e d a n k e n Das Unmögliche anvisieren. Das Unterste
nach oben kehren, um so zu einer neuen Analyse zu kommen.
Statistiken nicht als der Wahrheit letzter Schluß ansehen.

G e f a h r e n In der Normalität hängen zu bleiben. Keine neuen
Wege zu sehen. Aus der inneren Balance und Ruhe in eine Art Le-
thargie verfallen. Gefahr der fatalistischen Gewohnheit.

E n t w i c k l u n g Der Erkenntnissprung zum neuen
Denken.

Der Tarot

Der Teufel

Diese Karte trägt die Nummer 15 der großen Arcana. Sie heißt auch *Le Diable* (französisch) oder *The Devil* (englisch). Im ägyptischen Tarot lautet der Name *Dämon* oder auch *Typhon*, da die Ägypter den Begriff Teufel nicht

Die große Arcana

kannten. *Typhon* galt als zerstörerische Gottheit, die die Toten vom Himmel fernhalten wollte, um sie in die Erde zu stoßen. Sie wollte damit auch den Tod der Seelen. In der Regel sind auf den Abbildungen zwei nackte Menschen an den Teufel gekettet, als Symbol dafür, daß sie sich von den teuflischen Lüsten nicht lösen können.

Der Teufel sieht oft furchterregender aus als *der Tod*, um die Beschauer zu mahnen, daß der Weg mit diesem gefallenen Engel in der Hölle endet. Hinter dem Teufel verbirgt sich nämlich Luzifer, der gefallene Engel, der die Menschen aufforderte, sich von Gott zu lösen.

B e d e u t u n g   Es mag verwundern, daß der letzte Weg, der Weg der Weisheit, gerade mit dem *Teufel* beginnt. Doch die Versuchung finden wir in allen Lebensstadien. Mit ihr muß sich jeder ein Leben lang auseinandersetzen. Jede Versuchung ist immer eine Prüfung, und mit der Kettung an den Teufel binden sich die Menschen selbst an diesen Dämon, weil sie bereit sind, den Versprechungen der teuflischen Lüste zu folgen. Wer aber einmal an den Teufel gekettet ist, der kann sich kaum mehr von ihm lösen. Es ist wie eine Sucht.

Aber es darf nicht vergessen werden, daß im Teufel auch eine ungeheuer starke Antriebskraft lebt. Eine Kraft, die immer wieder explodiert, und oft erreicht sie das Gegenteil von dem, was der Teufel will. Die „böse" Kraft, die Gutes schafft. Daher symbolisiert diese Karte auch eine geballte Energie, die zu nutzen ist, die uns nur auf die Probe stellen will. Es geht im Leben nichts ohne Prüfungen, das ist hier die wichtigste Erkenntnis. Die Karte zeigt auch, daß der Weg vom Himmel zur Hölle sehr kurz ist, und es entscheidet oft eine Gratwanderung, ob Himmel oder Hölle die Zukunft unserer Seelen wird. Im Teufel wird also auch eine uralte, angstvolle Vorstellung für das Leben danach versinnbildlicht.

In Stichworten

Allgemein   Die Versuchung, die große Freuden verspricht. Der (auch erotisch-sexuelle) Trieb. Die geheimen Wünsche und Begierden. Auch ein verborgener Machtanspruch.

Der Tarot

Liebe Die gegenseitige Begehrlichkeit, die möglichst nie aufhört. Der geschlechtliche Antrieb der sexuellen Hingabe. Erotik und Lust ohne Liebe und ohne die entsprechende Bereitschaft, Verantwortung zu übernehmen.

Beruf Der süchtige Wunsch, aufzusteigen, wobei die Ellenbogen rücksichtslos gebraucht werden. Der Volksmund meint, diese Streber gehen über Leichen.

Gesundheit Raubbau mit seiner Gesundheit treiben. Wenn sich Beschwerden bemerkbar machen, eher der Quacksalberei vertrauen als der Schulmedizin. Der Griff zu Tabletten oder Betäubungsmitteln fällt nicht schwer. Drogenmißbrauch, Suchtgefahr.

Vermögen Geld ist angeblich unwichtig, aber man kann nicht genug davon haben. Auf Pump leben. Andere zu Spekulationen verführen. Den großen Geldmanager spielen, ohne vom Geldgeschäft etwas zu verstehen.

Freunde Die Gemeinschaft ist unwichtig. Soziales Denken ist abwegig, solange es einem sehr gut geht. Die Kunst, Freunde und Bekannte zu verführen oder auszunehmen ist extrem ausgeprägt.

Gedanken Immer wieder wird gedacht: Was ist mir entgangen, welche Lust habe ich noch nicht genossen? Was fehlt mir noch zum sinnlichen Glück?

Gefahren Die größte Gefahr ist die, keine Gefahr zu sehen. Übermut und Übermaß beherrschen das Leben. Totale Selbstüberschätzung. Keinen Abgrund beachten, auf Warnungen nicht hören.

Entwicklung Standhaftigkeit gegen Versuchungen erproben.

Die große Arcana

Der Turm

Die Karte trägt die Nummer 16 der großen Arcana. Sie heißt auch *La Maison Dieu* (französisch) oder *The Tower Of Destruction* (englisch). Türme gelten immer als etwas Besonderes. Mit einem Turm wollten die Menschen einst dem Himmel näherkommen, um den Göttern ihre Ehre zu erweisen (oder ihre Überschätzung zu zeigen: der Turm zu Babel). Außerdem dienten Türme als Schutz vor Feinden, schließlich wurden sie auch zu Wohnstätten. In einem Turm fühlten sich die Menschen sicher, da machten sie es sich bequem. Aber Bequemmachen ist nicht der Weisheit letzter Schluß, deswegen schickt die Gottheit einen Blitz, der den Turm zerstört. Die Menschen fallen aus der geglaubten Sicherheit heraus, denn rasten bedeutet rosten. Die Personen, die aus dem Turm fallen, kommen zwar heil unten an, aber sie

Der Tarot

müssen nun noch einmal von vorne anfangen. Blitz und Donner wurden einst stets als Strafe des Himmels angesehen; auch dieser Blitz, der Türme zerstört, ist so zu deuten.

Bedeutung Das Bild symbolisiert, daß man nie zu sicher sein darf. Wer nur seiner eigenen Sicherheit vertraut, der ist letztlich verloren, denn ihm fehlt jedes soziales Denken. Keiner darf sich ausruhen, selbst wenn er den Kampf mit dem Teufel in sich bestanden hat. Im Leben gibt es viele Türme: So etwa, wenn jemand Vorräte hortet und sich nicht um andere Hungernde kümmert, wenn jemand Rechte für sich beansprucht, die er anderen verwehrt, wenn jemand anderen lebenswichtige Rohstoffe verweigert, nur um sie allein für sich zu nutzen.

Da dies im realen Leben kaum strafbar war, mußte eben eine Gottheit eingreifen, und gegen göttliche Strafen ist jeder Mensch machtlos. Er nennt dies dann Schicksalsschläge, die man ertragen muß, und tut so, als wüßte er nicht woher und warum der Schicksalsschlag kommt.

Im Grunde also wird der Turm durch uns selbst zerstört, denn das Obengesagte gilt auch für unsere Gedanken. Es ist der innere Snob, der keine anderen Argumente mehr anerkennt. Aber dieser innere Hochmut wird bestraft. Doch nach dem „rettenden" Schlag geht es hoffnungsvoll weiter. So ein Schicksalsschlag wirkt oft sehr befreiend und löst neue, schon verschüttet geglaubte Energien aus. Der Blick wird wieder weit, ist nicht durch Mauern beengt. Neues Leben wächst aus den Ruinen, möchte man sagen. Niemand – so sagte ein griechischer Weiser –, bleibt ohne Ruhm.

In Stichworten

Allgemein Aufrütteln aus der Sicherheit. Der Schicksalsschlag, der neue Horizonte öffnet. Die Befreiung von der Eigenfesselung. Diese Turmzerstörung macht mal wieder wach.

Liebe Aufbruch aus der zur Routine gewordenen Liebe. Weg von der Gewohnheit der Partnerschaft. Neue Dimensionen und Entwicklungen in einer Bindung.

Die große Arcana

B e r u f Der Neuanfang. Die Frührente. Das Aussteigenwollen. Der plötzliche Drang zur Selbständigkeit.

G e s u n d h e i t Der plötzliche Schock. Die körperliche Krise. Das unerwartete Gutachten. Aber auch: Neue Impulse gegen die Alterung, die mehr im Kopf als im Körper gesucht werden sollten.

V e r m ö g e n Der plötzliche Aktieneinbruch. Die Inflation oder eine Währungsreform. Der Konkurs einer Bank, die als 100prozentig sicher galt. Geliehenes Geld ist endgültig verloren.

F r e u n d e Verlust einer Freundschaft, aber auch ein neuer Beginn. Die Einsicht, daß die alten Freunde an der eigenen Verkrustung mit schuldig sind. Neue Orientierungen.

G e d a n k e n Was hab ich aus meinem Leben eigentlich gemacht? Soll das denn alles gewesen sein?

G e f a h r e n Alles hinwerfen oder umstürzen wollen. Sogar der Gedanke an eine Selbstschädigung geistert im Kopf herum. Alles aufs Spiel setzen. Undankbarkeit und Rücksichtslosigkeit werden bewußt eingesetzt.

E n t w i c k l u n g Erwachen aus der Routine. Der Wille, nun wach und aufgeschlossen zu sein.

Der Tarot

Der Stern

Die Nummer 17 der großen Arcana heißt auch *L'Etoile* (französisch) oder *The Star* (englisch, gelegentlich auch: *The Star Of The Magi*) oder *der magische Stern*. Das Sinnbild dieser Karte ist eine Frau, die an einem Wasser sitzt oder mit zwei Gefäßen Wasser schöpft. Das erinnert ein wenig an die

Die große Arcana

Karte *das Maß*. Am Himmel sind ein großer Stern und einige kleinere Sterne sichtbar. Der große Stern soll eine Beziehung zum Abendstern der Venus haben, die den Menschen ihren Segen gibt und ihre Hilfe anbietet. Daher wurde diese Karte auch stets als die Karte der Liebe betrachtet, die ja von Venus beschützt wird. Aber in dieser Karte verbirgt sich auch Magie. Denn wie heißt es so schön: Magie ist Liebe – Liebe ist Magie. Liebe verzaubert, zaubert und bringt bisher unbekannte Kräfte zum Vorschein. Diese Karte gilt in jedem Deck als der „Trumpf", denn sie symbolisiert nur alles Gute.

B e d e u t u n g   Dieses Bild symbolisiert den Schutz aller Liebesgöttinnen, angefangen von Astarte über Isis bis zu Aphrodite und der römischen Venus. Diese Göttinnen wurden immer verehrt und in Notzeiten angebetet, wozu auch die schwarze Madonna und alle anderen Madonnen gehören. Daneben symbolisiert die Venus auch alle Künste, das Musische schlechthin. Der Name weist darauf hin, daß mit dieser Karte der Leitstern gemeint ist, den viele für ihr Leben suchen. Der Leitstern, der die Liebe schützt, der aber auch auf die magischen Kräfte (etwa der Esoterik) hinweist. Diesen Leitstern finden wir, wie Paracelsus meinte, in unserm inneren Himmel nach dem Vorbild am Firmament. Jede Legende, jedes Märchen wurde einst von den Himmelsbildern abgeleitet, dort haben alle Helden ihren Platz, ob sie nun Chiron, Herkules, Pegasus, Perseus oder Fuhrmann heißen, um nur einige zu nennen. Die Vorstellung, daß die Sterne unser Schicksal lenken, ist so alt wie die denkende Menschheit. Meister Eckehart formulierte: „Das Auge, durch das ich Gott sehe, ist das Auge, durch welches er mich sieht". Klarer und poetischer ist die Wechselbeziehung von Himmel und Erde, vom Oben wie Unten kaum auszudrücken. Und es ist immer noch eine der schönsten Liebeserklärungen, wenn man sagt, daß die Augen unserer Lebenspartnerinnen oder Lebenspartner wie Sterne strahlen.

I n   S t i c h w o r t e n

A l l g e m e i n   Die Liebe und die Muse, die große Hoffnung, die Güte, die Erfüllung aller Wünsche. Die Beziehung zu Himmel und Erde, die Gnade, die uns (Not-)Ausgänge ermöglicht.

Der Tarot

L i e b e   Die große Erfüllung in der Liebe, das vollkommene Glück, das uns selten zu Teil wird. Aber auch die Liebe des Himmels und der Engel, die uns führt und lenkt, um unsere Not auf Erden zu lindern.

B e r u f   Der Musenkuß. Die Berufsförderung (meist durch eine Frau), die nun real wird. Die Gnade des Erfolges. Der gute Kontakt im Beruf. Geschäftspartnerschaft.

G e s u n d h e i t   Die Hoffnung, die plötzlich neu geboren wird. Die Belastungen schwinden. Die gute, liebe volle Pflege.

V e r m ö g e n   Eine gute Verbindung bringt Gewinn. Eine Erbschaft oder ein materielles Geschenk. Der Zugewinn durch eine reiche Heirat.

F r e u n d e   Die Freunde sind großzügig. Liebe unter Frauen und Männern. Die Clique, die auf Gedeih und Verderb zusammenhält.

G e d a n k e n   Wem kann ich eine Freude bereiten, wem kann ich irgendwie helfen? Gedanken über die Möglichkeit, in der Partnerschaft etwas aufzubauen. Frohe Gedanken, denn man ist selbst optimistisch und zum Geben bereit.

G e f a h r e n   Zu große Sorglosigkeit. Lasch in seinen geschäftlichen Beziehungen. Versicherungsprämien nicht bezahlen. Ratengeschäfte abschließen, mit vier Kreditkarten gleichzeitig hantieren, und dabei den Überblick verlieren. Vertrauensseligkeit in jeder Beziehung. Wer die Welt umarmt, macht sich Feinde.

E n t w i c k l u n g   Bereitschaft, alles zu geben.

Die große Arcana

Der Mond

Die Karte trägt die Nummer 18 der großen Arcana. Die Namen sind *La Lune* (französisch), *The Moon* (englisch) oder auch *Zwielicht*. Auf jeder Karte ist ein Hund entscheidend. Meist sind es zwei Hunde, die den Mond oben in der Mitte des Bildes ankläffen. Neben dem Mond ist meist ein Krebs zu erblicken. Das entstammt wohl einer astrologischen Symbolik, da der Mond ja das Tierkreiszeichen Krebs beherrschen soll. Auch sind in der Regel zwei Türme oder Pyramiden zu erkennen, als sollten diese den Zugang zum Mond bewachen. Während die Hunde den Mond nur anbellen, scheint es, als wolle der Krebs direkt auf den Mond zukrabbeln. Wer aber mit dem

Der Tarot

Mond nichts anfangen kann, wie die Hunde, der wehrt sich gegen den Mond, denn sein Einfluß ist unbestritten. Vor allem hat er eine Wirkung auf unseren Schlaf.

Bedeutung Der Mond wurde symbolisch immer mit den Launen (vom Wort Luna stammend) der Seele identifiziert. Das Bild zeigt nun den Aufbruch der Seele in andere Regionen oder Dimensionen, nachdem die Karte der Liebe, *der Stern,* begriffen worden ist. Es ist die Seele, die nach karmischer und esoterischer Auffassung immer wieder in den Himmel zurückkehrt.

Beim fahrenden Volk wurde diese Karte als Unglückssymbol betrachtet, was aber nichts mit der ursprünglichen Bedeutung zu tun hat. Im Gegenteil, alles, was sich in einem Aufbruch befindet, sich zu einem Aufbruch aufrafft, ist durchaus positiv zu werten.

Die Seele, die hier neben den Karten *die Hohepriesterin* und *der Hohepriester* am deutlichsten angesprochen wird, ist unser stärkster Antriebsmotor. Ohne Seele geht nichts, mit ihr fast alles. Sie überwindet alle Hindernisse und bewältigt alle weiten Strecken, die wir meistern müssen.

Der Krebs ist (neben der Schlange) auch ein altes Symbol der Selbsterneuerung, die nur die Seele des Menschen nachvollziehen kann. Auch darum geht es bei dieser Karte. Alles Neue, was begonnen wird, kommt immer einer gewaltigen Mutprobe gleich.

Es ist verdammt schwer, die sichere Routine zu verlassen, um neue Wege zu gehen, aber die Kraft der Seele ermöglicht es jedem Menschen, auch unbekannte Pfade aktiv einzuschlagen. Letztlich sollte jeder über sich hinauswachsen wollen, und auf innere Neuorientierung setzen. Diesen Impuls will uns die Karte *der Mond* geben.

In Stichworten

Allgemein Der Aufbruch aus der Tiefe. Der Antrieb der Seele für neue Impulse und Handlungen. Keiner Entscheidung darf nunmehr ausgewichen werden, denn man ist schon auf einem Weg, wo eine Umkehr unmöglich erscheint.

Die große Arcana

Liebe Gemeinsam einen neuen, abenteuerreichen Weg einschlagen. Gemeinsame Aufgaben finden, die bisher jenseits aller Möglichkeiten lagen.

Beruf Seiner inneren Berufung nachgehen. Mut beweisen und notfalls die Sicherheit seines Arbeitsplatzes aufgeben, um wirklich frei und unbelastet zu sein.

Gesundheit Die große Umwandlung im Krankheitsdenken. Begreifen, daß einem kranken Menschen etwas „fehlt". Hinwendung zur Ganzheitsmedizin. Gesundungskraft aus der Seele mobilisieren. Nach der Krankheit noch etwas bewerkstelligen wollen. Leistungsanspruch.

Vermögen Äußere Werte werden im Verhältnis uninteressant. Verstehen, daß aus den inneren Werten auch materielle Chancen entstehen.

Freunde Die Freunde werden in der Regel verlassen, denn den seelischen Weg muß jeder allein bewältigen. Nur ganz nahestehende Personen verstehen das manchmal befremdlich wirkende Handeln.

Gedanken Oft verwirrend. Die reale Klarheit wird aufgegeben. Die Sehnsucht nach neuen Anregungen und neuartigem Lesestoff ist unermeßlich. Gedanklicher Aufbruch zu neuen Ufern.

Gefahren Ablehnung der Realitäten. Illusionen nachjagen. Zu unfundiert die neuen Wege einschlagen. Aber auch dafür braucht jeder eine Karte mit Wegweisern.

Entwicklung Selbstanalyse, der Weg über sich hinaus.

Der Tarot

Die Sonne

Die Karte trägt die Nummer 19 der großen Arcana. Die Namen sind: *Le Soleil* (französisch) und *The Sun* (englisch). Das Wichtigste ist die strahlende Sonne, die von oben auf alles herunterblickt. Meist erkennt man zwei Menschen, die eng miteinander verbunden erscheinen. Allein im Rider Tarot ist nur eine Person abgebildet, ein Kind, auf einem Pferd sitzend. Es ist die Karte, die das höchste reale Ziel symbolisiert: Die Verbindung zweier Men-

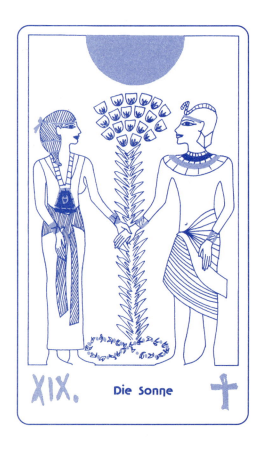

Die große Arcana

schen im Sonnenglanz, die Vereinigung des Weiblichen und Männlichen – das große irdische Glück, das unter dieser unserer Sonne erreichbar erscheint. Zwei nicht zu trennende Menschen sind kaum zu besiegen, sie bedeuten zusammen eine starke Bastion. Dieses Bild drückt Freude und Zuversicht aus, man könnte meinen, daß wir am Ende des Weges angelangt sind. Aber dies ist nicht der Fall. Immerhin: Eine Vorstufe des Glücks scheint erreicht.

Bedeutung Die Zufriedenheit über das Erreichte. Das Wissen, daß sich erst in der Ergänzung alle Kräfte sammeln lassen. Es ist die Karte der gleichwertigen Zweisamkeit, die dazu beiträgt, alle Zweifel zu besiegen. So wird das Leben in den sonnigsten Farben gesehen. Man kann auch folgern: Wenn die Sonne auf das Glück unserer Herzen scheint, hat eine Verzauberung stattgefunden. Es lebt mit dieser Karte eine gewaltige Schöpferkraft in uns, die allerdings auch genutzt werden sollte.

Wer den Segen der Sonne hat – so hieß es einst –, der hat den Segen des Himmels. Viele Völker, etwa die Ägypter, die Azteken, die Indianer, haben die Sonne direkt als den Schöpfer angebetet. Auch in den Malereien der christlichen Kunst finden wir dies bestätigt. So im Abendmahl von Leonardo da Vinci, wo Jesus – deutlich als Sonne plaziert – dominierend zwischen den zwölf Jüngern (als Symbol der zwölf Tierkreisabschnitte) sitzt. Zwar sagen wir „die" Sonne, aber sie galt und gilt immer als männlich im Gegensatz zum weiblichen Gestirn, das wir als „der" Mond bezeichnen. Die Sonne ist unsere Freude, allerdings mehr in den nördlichen Zonen unserer Erde. Zum Süden hin kann sie immer mehr zerstörerische Wirkungen auslösen. So steht diese Karte als Höhepunkt und als letzte Karte, die sich mit den Entwicklungsstufen des hiesigen irdischen Daseins beschäftigt. Eine Karte der Zuversicht und des vollen Lebens, des Optimismus und der Freude.

In Stichworten

Allgemein Lebensfülle, Zuversicht, gemeinsames Glück. Kraft für die Gegenwart und die Zukunft. Eine Karte, die ausdrückt: „Freut Euch des Lebens!".

Der Tarot

Liebe Das Hochgefühl in der Liebe. Gewaltiger Auftrieb durch eine enge Bindung. Kraft zum Geben und Dankbarkeit für eine Ergänzung, auf die man kaum mehr gehofft hat. Das Versprechen, ab nun gemeinsam alle eventuellen Stürme zu bestehen.

Beruf Anerkannte Leistung. Erfolg. Freude am Einsatz. Erringen hoher Positionen. Beste Ideen und Pläne.

Gesundheit Die Gesundheit ist gut. Wenn sie schlecht war, kommt die Genesung in Kürze zurück. Ärzte stehen einem sehr hilfreich zur Seite.

Vermögen Das Kapital liegt in guten Händen. Aber jeder sollte bei der Vermögensanlage mitarbeiten. Denn diese Karte ist das Symbol für die Gemeinsamkeit.

Freunde Freunde gehören zur Familie, aber es müssen Freunde sein, die für beide Lebenspartner da sind. Dadurch bekommen Freundschaften einen neuen, aber auch besonderen Wert.

Gedanken Man könnte die ganze Welt umarmen, weiß aber, daß die ganze Welt niemals das erhoffte Glück bringt. Dieses Wissen kann etwas Schatten über die Freude werfen.

Gefahren Gefahr ist kaum vorhanden. Höchstens eine etwas dumme Zuversichtlichkeit. Die größte Gefahr kommt erst auf, wenn die schöpferische Sonnenkraft nicht genutzt wird und so Chancen vergeben werden.

Entwicklung Das Kraftgefühl der inneren Reife und Erkenntnis. Das Kreative in sich erkennen. Die Höhe der Lebensentwicklung wahrnehmen.

Die große Arcana

Die Auferstehung

Die Karte trägt die Nummer 20 der großen Arcana. Die Namen sind: *Le Jugement* (französisch) und *Judgment* (englisch). Sie wird auch häufig *das Gericht* genannt, wobei das jüngste Gericht gemeint ist, aber diese christliche Einfärbung kann nicht als richtig bezeichnet werden. In einem ägyptischen Tarot wird die Karte als *The Rising Of The Dead* bezeichnet, also die Auferstehung von dem Tod, was sicher im tiefsten richtig ist. Man sieht einen Engel, oft ist es ein Erzengel, mit einem großen Musikinstrument, welcher

Der Tarot

die Toten aufruft, ein neues Leben zu beginnen. So erheben sich die Mumien (ägyptisch), oder die Personen steigen nackt aus ihren Gräbern. Alle diese auferstandenen Seelen (und nur um die handelt es sich) freuen sich, denn nun sind sie ihrem Ziel zur Wiederverkörperung erneut einen Schritt näher.

Bedeutung   Diese Karte symbolisiert immer erstmals einen Neuanfang. Egal nach welcher Situation. Die Karte bedeutet nicht die Auferstehung nach dem Tod! Aber wir sterben im Leben wiederholt viele Tode, und danach muß das Leben weitergehen. Jeder Abschied ist ein Tod, jede abgeschlossene Liebe, jede Trennung. Aber es ist nie das Ende, denn das Leben geht so oder so weiter. Diese Auferstehung hat nichts mit einem jüngsten Gericht zu tun, sondern es liegt allein am Einzelnen, wie er nach einem Abschluß weiterlebt. Die Auferstehung der Seele ist übrigens uraltes Wissensgut. In der Bibel heißt es dazu:

„Seht, ich enthülle Euch ein Geheimnis: wir werden nicht alle entschlafen, aber wir werden alle verwandelt werden."

„Plötzlich, in einem Augenblick, beim letzten Posaunenschall. Die Posaune wird erschallen, die Toten werden zur Unvergänglichkeit aufgeweckt, wir aber werden verwandelt werden" (Der erste Brief an die Korinther).

Dies ist der große Hintergrund für unseren Alltag, denn jedes nahegehende Erlebnis verändert uns, ohne daß es das Bewußtsein zunächst merkt. In diesem Sinn ist die Karte *Die Auferstehung* oder *Das Gericht* zu verstehen. Daher wurde sie oft als das wichtigste Blatt des Tarot betrachtet. Jede überstandene Krise macht uns froh und vor allem dankbar, da nun die Gelegenheit gekommen ist, noch einmal diesen oder jenen Weg einzuschlagen. Und für die großen Entwicklungen weiß der Tarot auch eine Antwort. Wenn wir also nach dem „Danach" fragen, dann geht es eigentlich um die Frage: Hat das Leben überhaupt einen Sinn? Der Tarot antwortet: Ja!

In Stichworten

Allgemein   Die Frage nach dem Sinn des Lebens oder nach dem okkulten (geheimen) Sinn unseres Daseins. Das Erwachen aus der Dunkelheit. Wieder dasein im Leben.

Die große Arcana

Liebe Der Glaube an die unsterbliche Liebe, ob zwischen zwei Menschen oder zwischen Gottheit und Mensch.

Beruf Nachdem schon alles zu Ende schien, geht es nun mit neuer Kraft weiter. Nach der Pensionierung, dem Weggang der Kinder, kommen neue Aufgaben oder Pflichten.

Gesundheit Innere Besinnungsphase. Jetzt wird erst entdeckt, woran die Gesundheit litt. Neue Erkenntnisse schenken wieder Lebensmöglichkeiten.

Vermögen Spenden zahlen sich aus. Geiz wird überwunden. Ein neues Verhältnis zum Geld ist erkennbar. Die sichere Reserve wird wieder eingesetzt.

Freunde Viele kommen in den alten Freundeskreis zurück. Sie werden erstaunt, aber froh aufgenommen. Manche hatte man schon abgeschrieben.

Gedanken Weiterleben. Die Wiederverkörperung. Beschäftigung mit Reinkarnation und Karma oder ähnlichen Gebieten. Das Urgesetz des menschlichen Lebens wird verstanden.

Gefahren Sind mit dieser Karte kaum verbunden. Höchstens, daß alle Reaktionen auf Schicksalsschläge zu leicht genommen werden. Spott ausgießen über all jene, die an ein seelisches Weiterleben glauben.

Entwicklung Die innere Reife steht vor ihrer letzten Prüfung. Der Erkenntnisweg ist fast zu Ende.

Der Tarot

Das All

Diese Karte ist die letzte Karte der großen Arcana und wird als Nummer 21 gezählt. Am gebräuchlichsten ist der Name *die Welt*. *Le Monde* (französisch) und *The World* (englisch). In einem ägyptisch ausgerichteten Tarot wird diese Karte als *die Krone der Magie* bezeichnet. Fast alle Bilder sind vom christlichen Glauben mitgeprägt, denn in den vier Ecken dieses Blattes erkennen wir die vier Evangelisten, die je ein Element mitsymbolisieren. Da steht Lukas für den Stier, Markus für den Löwen, Johannes für den Adler = Skorpion und Matthäus für den Engel = Wassermann.

Die große Arcana

Dies zeigt wiederum eine Verbindung zur Astrologie. In der Bildmitte erkennen wir in der Regel eine Frau, die die Einheit zwischen Kosmos und Mensch verkörpert. Da das letzte aller Ziele, nämlich diese erwähnte Verbindung, erreicht ist, tanzt die Frau meist innerlich fröhlich vor sich hin. Es war ein weiter, ein wahrlich nicht leichter Weg, aber diesen steilen Pfad zu gehen hat sich doch gelohnt.

Bedeutung Die Karte bedeutet erst einmal den inneren Frieden, die grundsätzliche Versöhnung mit all den Schwierigkeiten, die einem im Leben begegnen müssen. Das Blatt wird auch als Einordnung bezeichnet, womit die Einordnung in den Kosmos gemeint ist. Es ist die stärkste aller Karten, die allem einen I-Punkt aufsetzt.

Was wir sehen, ist jedoch im Grunde ein Idealzustand, der in der Realität kaum erreicht werden kann. Daher muß man bei der Deutung doch ein wenig vorsichtig sein. Die vier Evangelisten in Symbolen der vier festen Zeichen der Astrologie (Stier, Löwe, Skorpion = Adler, Wassermann = Engel) zeigen die Harmonie der Elementgegensätze von Erde, Feuer, Wasser und Luft. So verbinden sich in dieser Karte Tarot und Astrologie sowie ein Hauch christlicher Ausrichtung. Über dieses Bild wird besser meditiert, statt es analytisch zu zerlegen. Von der Karte geht eine recht beruhigende Wirkung aus, und falls sie als Entscheidung fällt, dann braucht es kaum einer Erklärung mehr, die Ratsuchenden verstehen die sich daraus ergebende Konsequenz sofort und sind tief zufrieden. Lange Erfahrung bestätigt es. Für die Fragenden ist nun ihre Welt in Ordnung, vielleicht auch nur vorübergehend – aber immerhin.

In Stichworten

Allgemein Ruhe, Sicherheit und tiefe Zufriedenheit. Sich in eine Ordnung eingebunden fühlen. Die Welt – wie sie sich jetzt zeigt – annehmen. Lebensruhe.

Liebe In der Liebe Sicherheit erfahren. Konflikte sollten ausgetragen sein. Geben geht vor Nehmen, gegenseitiges Vertrauen.

Der Tarot

B e r u f   Erfolg, aber auch die Erkenntnis, daß der Beruf nicht alles ist und sein soll. Zeit finden für Dinge außerhalb des Berufs, die die Lebensfreude erhöhen.

G e s u n d h e i t   Innere Ruhe ist anzustreben. Aus der Gewißheit, Hilfe zu haben und in guter Obhut zu sein – sowohl medizinisch wie geistig und seelisch –, wächst wieder die Hoffnung. Denn darauf kommt es an. Wenn die Hoffnung geht – so sagten die Chinesen – geht sie, um das Grab zu schaufeln.

V e r m ö g e n   Das geistige Vermögen wird viel wichtiger als das materielle Vermögen. Wer dies an sich erfährt, hat keine Furcht mehr vor einem eventuellen Mangel, der in der Praxis auch kaum auftritt.

F r e u n d e   Die verläßlichen Freunde sind da – mehr braucht man nicht.

G e d a n k e n   Der Ablauf des Geschehens wird immer klarer. Man erkennt die Gesetze, nach denen man angetreten ist.

G e f a h r e n   Sich als Wissender fühlen und die Unwissenden ablehnen. Diese Arroganz ist schlimm. Sich in erster Linie nicht auch auf andere, sondern allein auf sich selbst verlassen.

E n t w i c k l u n g   Die eigene Mitte wurde angestrebt und scheint nun gefunden zu sein.

Die große Arcana

Der Narr

Diese Karte gilt auch als die Nummer 22 der großen Arcana. *Der Narr* umrahmt also die heiligen 21 Karten. Die Bedeutung geht tiefer. Nachdem der Weg der Erkenntnis oder der Einweihung gegangen wurde, ist man auf einer höheren Stufe angekommen, von der ein neuer Weg beschritten werden muß. Da alles ein ewiger Kreislauf ist, geht der Weg unaufhörlich weiter, so

Der Narr

Der Tarot

wie sich die Sonne, der Mond, die Sterne und die Erde unaufhörlich bewegen. Man kann auch sagen: *Der Narr* in uns wird nie ganz überwunden. An dieser Überwindung müssen wir ständig arbeiten, egal wie weit wir schon gekommen sind.

Es wird deutlich geworden sein, daß der Tarot höchst moralisch ist, auch wenn sich manche Schwarzmagier (Crowley) seiner Blätter bedient haben. Der Tarot kann als Lebensschule der Esoterik bezeichnet werden, wobei er nie den Boden unter seinen Füßen verliert. Wer länger mit diesen Karten (welche auch immer) arbeitet, wird erkennen, daß sehr viel Humor in ihnen steckt. Das wird einem schlagartig auf Seminaren klar, wenn sich bei einer Deutung große Heiterkeit unter den Teilnehmern ausbreitet.

Die Karten sind nicht zu steuern! Die folgenden Auslegearten belegen das, wenn auch dieser oder jener manchmal etwas nachzuhelfen oder zu schummeln versucht. Dann ist halt *der Narr* immer noch die wichtigste Karte im Spiel des Lebens!

Das Kartenlegen

Das Kartenlegen wird verschieden gehandhabt. In der Praxis hat sich seit Jahrzehnten folgende Vorgangsweise mit am besten bewährt: Alle Karten – egal welches Deck genommen wird – werden offen vor den Fragenden oder den Ratsuchenden ausgelegt. Die Reihenfolge ist dabei unwichtig. Aus den mit der Vorderseite nach oben liegenden Karten wählt die betreffende Person dann ihre Personenkarte oder die Problemkarte aus. Diese Karte nennen wir in der Folge die P-Karte. Sie wird beiseitegelegt.

Die Fragenden legen dann alle Karten zusammen (nicht der oder die Kartenleger/in). Sie werden nun in der Regel mit der Rückseite nach oben auf dem Kartentisch ausgebreitet. Die Fragenden wählen die für die Auslegeart benötigte Anzahl von Karten verdeckt heraus, die dann dem Kartenleger übergeben werden, um die Auslegung vorzunehmen, wobei die Karten noch verdeckt bleiben. In der Reihenfolge der Auslegung werden sie nach und nach aufgedeckt und jedes Blatt sofort gedeutet.

Wir verwenden bei unseren Mustern für die Reihenfolge der Auslegung arabische Zahlen, da die meisten Tarotdecks mit römischen Zahlen versehen

Das Kartenlegen

wurden. Zu beachten ist, daß eine gute Ausdeutung eine gewisse Zeit erfordert. Und es sollte kein Monolog sein! Richtig wäre, wenn die Fragenden und die Deuter einen Dialog über jede aufgedeckte Karte führen. Kartenlegen hat nichts mit hellseherischer Wahrsagerei zu tun! Eine Ausdeutung ist eher wie ein psychologischer Test anzusehen. Es geht nicht darum, etwas „Wunderschönes" für die Zukunft vorauszusagen, sondern Fragen, Probleme und Überlegungen zu erläutern, um Hintergründe herauszuschälen. Das ist der Weg, die anschließenden Handlungen für die Zukunft zu besprechen. Wer das befolgt, wird erleben, wie leicht das Kartenlegen mit den Tarotkarten ist. Um etwas „Hellseherei" zu betreiben, sollte man lieber die französischen Spielkarten oder die kleinen Arcanen benutzen.

Es braucht selbstverständlich einige Übung, ehe man sich an das Kartenlegen für die Familie, für Freunde oder Kollegen trauen sollte und es empfiehlt sich, dabei immer laut zu sprechen. Jeder, der alles laut und deutlich spricht, hat sich besser unter Kontrolle. Schummeln ist nicht erlaubt, jede Karte, die ausgelegt wird, hat etwas zu sagen. Es gibt - auch wenn es so aussieht – keinen Zufall. Es fällt einem zu, was einem zufallen soll. Alles hat seinen Sinn. Gerade bei schwierigen Kartenkombinationen schult sich der Anfänger am besten.

Wir stellen nun eine Vielzahl von Auslegearten vor. Trotzdem mag sich jeder sein eigenes System zusammenbasteln. Kartenlegen ist eine höchst individuelle Angelegenheit. Dieses Taschenbuch will nur Anregungen geben, das gilt auch für die einzelnen Blattdeutungen, die vorne niedergeschrieben wurden. Und bitte: Keine Musik im Hintergrund, keine Unterhaltung dabei führen. Kartenlegen verlangt Ruhe und Konzentration.

Der Vortest

Die jahrelange Praxis hat ergeben, daß dieser einführende Vortest – also noch vor dem eigentlichen Kartenlegen – sehr hilfreich und nützlich ist. Warum ist das so?
Nun, kein Kartenleger weiß, wer zu ihm kommt. Aber irgendwie muß er etwas von den Ratsuchenden wissen! Kein ernsthaft arbeitender Astrologe bietet eine Horoskopdeutung im Blindverfahren an. Jeder, der einst zur Pythia in Delphi wollte, mußte vorher gewisse Prüfungen ablegen, ehe er seine Fragen stellen durfte. Die Menschen sind nun einmal sehr verschieden, und es ist wichtig, wenigstens einen Zipfel ihrer Persönlichkeit zu lüften. Dazu dient dieser Test. Er hat also mit dem Wahrsagen nur sehr bedingt etwas zu tun, ist aber enorm wichtig, um ins Schwarze zu treffen.
Drei Karten werden gebraucht. Beim Test werden alle 21 Karten der großen Arcana plus die Karte *der Narr* offen vor den Ratsuchenden hingelegt. Die Reihenfolge der Kartenauslegung ist egal.
Dann soll von den Ratsuchenden, ohne daß ihnen etwas näher erklärt wird, die Karte (Nr. 1) ausgewählt werden, die ihnen am unsympathischsten erscheint. Meist ist dies *der Tod* oder *der Teufel*, was schon einiges offenbart. Diese Menschen haben sich mit esoterischen Aspekten oder Fragen noch nicht sehr beschäftigt.
Als nächstes (Nr. 2) soll nun die Karte gewählt werden, die den Ratsuchenden am sympathischsten erscheint. Da gibt es viele Möglichkeiten, so *der Magier*, *der Stern* oder die Karte der *Kraft* etc.
Beide Karten werden so nebeneinander gelegt, das dazwischen eine dritte Platz hat.

Unsympathischste Karte
1

Verbindungskarte von 1 zu 2
3

Sympathischste Karte
2

Der Vortest

Diese Karte (Nr. 3) soll nun eine Verbindung schaffen von der unsympathischsten zur sympathischsten Karte. Das ist gar nicht so leicht, denn die
Wahl sollte ja begründet werden.

Wie verbinde ich den *Tod* (unsympathische Karte) mit dem *Magier* oder dem
Stern (sympathische Karte)? Überwinde ich etwa *Tod*esangst durch Lebens-
lust und Zweisamkeit (Karte *die Sonne*) oder durch *die Auferstehung*? Man
könnte auch das *Rad des Schicksals* wählen, welches das eigene Streben, die
Arbeit an sich selbst symbolisiert sowie das ewige Auf und ab. Auch der
Glauben (*die Hohepriesterin*) wäre eine Verbindungskarte, die einleuchtet.
Oder wie komme ich vom *Teufel* (unsympathische Karte) zum *All* (sympathische Karte)? Brauche ich dafür das Symbol des Maßhaltens (*das Maß*)
oder viel eigene Energie (*die Kraft*)? Wenn sich die/der Ratsuchende mit den
Ratgebern darüber unterhält, kommt schon ein gewisses Vertrauensverhält-
nis zustande, das für das Kartenlegen sehr förderlich ist. Bei der Vorstellung
der Auslegearten finden die Leser viele Kombinationshinweise und zahlrei-
che Anregungen.

Auslegearten

Die innere Zerrissenheit

Dieses Spiel kann – nachdem die Karte für das Ego (das Ich) offen ausgewählt wurde – entweder verdeckt oder offen ausgelegt werden. Achtung: Wenn jemand die Bilder schon etwas besser kennt, müssen die Karten 2 bis 5 verdeckt ausgewählt werden!

Es ist stets derselbe Vorgang. Die Karten liegen offen vor den Ratsuchenden. Die Karte Ego (1) wird ausgewählt. Danach werden die Karten von den Ratsuchenden zusammengelegt, gemischt und verdeckt auf den Tisch ausgebreitet. Nun suchen die Ratsuchenden nacheinander die Karten 2 bis 5 heraus und gruppieren sie um die offen ausgewählte Karte, die damit in die Mitte kommt. Die Karten werden jetzt einzeln aufgedeckt und sofort gedeutet. Die nachfolgenden Karten bleiben zugedeckt.

- Die Karte 2 zeigt die Pflichten, die ich in der Umwelt habe.
- Die Karte 3 weist auf den inneren Wunsch hin, insbesondere in Bezug auf die Partnerschaft.

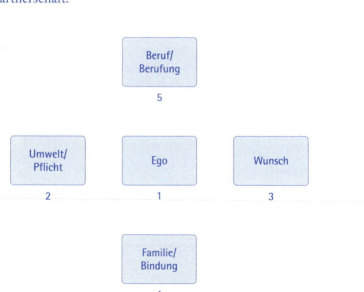

Die innere Zerrissenheit

- Die Karte 4 zeigt die Familie und die Bindungen an und erläutert, wie hilfreich oder hindernd bestehende Bindungen sein können.
- Die Karte 5 steht für das eigentliche Berufsstreben. Hier muß vor allem die eigene Berufung gesehen werden.

So schält sich heraus, von welchen Seiten Last oder Hilfe auf den Ratsuchenden einwirken, die eine innere Zerrissenheit und Unsicherheit deutlich machen. Eine Besprechung dieser Tendenzen trägt meist zum Bewußtwerden und zur Klärung bei, wobei die Karte 1 (Ego) einbezogen werden muß. Da am Anfang die vielen Inhalte einer Karte noch nicht so präsent sind, empfiehlt es sich, einfach den ersten Eindruck der Bilder sprechen zu lassen. Die Zerrissenheit kann sich gerade von diesen Gegensätzen am besten deuten lassen.

Wenn die Karte 1, die das Ego anzeigt, nun etwa *der Magier* ist, die Umweltkarte 2 jedoch durch den *Turm* symbolisiert wird und der Wunsch (Karte 3) durch den dienenden *Siegeswagen*, so ist gut zu erschauen, wie die mittlere Karte, das Ego – in diesem Fall *der Magier* – hin und hergerissen wird. Wird dann die Familienkarte durch *das Rad des Schicksals* versinnbildlicht und die Karte 5, die die Berufung widerspiegelt, wäre *der Teufel*, dann ist fast mit Händen zu greifen, in welch schwieriger Situation sich die oder der Ratsuchende befindet.

Hinzu kommt nun das Gespräch. Vielleicht geben die Ratsuchenden zu, daß ihre Berufung etwa darin besteht, den eigenen Antrieben zu folgen, während sie in der Familie immer wieder zurückgestuft wurden, wenn sie mal ein wenig auf der Höhe waren. Sie wurden dann zu Teufeln gestempelt. Stürzt dann die Umwelt ein (*der Turm*), dann war es vielleicht *der Siegeswagen*, der die Umwelt zum Einsturz brachte. Wer seine Wünsche zu stürmisch und zu hochmütig erfüllen will, der steht sehr häufig in seinem Leben vor einem Scherbenhaufen. Die Bilder also einmal ganz einfach auf sich wirken lassen, sie sprechen dann schon von allein.

Auslegearten

Der Siebener-Weg Diese Auslage ist sehr beliebt, weil sie das Bewußte und das Unbewußte erfaßt. Zwei Karten werden offen ausgesucht. Das ist die Startkarte und die Zielkarte. Sie werden ausgelegt, wie in der Grafik angegeben.

Erst dann werden die Ratsuchenden aufgefordert, weitere fünf Karten offen auszuwählen. Mit welchen fünf Stationen komme ich vom Start zum Ziel? Diese Stationen müssen sich logisch ergänzen, es müssen wirklich Wegetappen sein, die in sich folgerichtig sind.

Danach wird ein zweites Deck genommen. Es muß nicht das gleiche sein, aus denen die ersten sieben Karten gewählt wurden. Aber als Start- und Zielkarte werden dieselben Bilder herausgesucht. Dann legen die Ratsuchenden die Karten zusammen und breiten sie verdeckt auf dem Tisch aus. Fünf Karten werden verdeckt ausgewählt und in derselben Reihenfolge zwischen Start- und Zielkarte gelegt.

Die obere Reihe zeigt den bewußten Weg, der logisch und vom Kopf her gegangen wird. Die untere Reihe zeigt den Weg des Unbewußten, man kann auch sagen, den Weg der Seele.

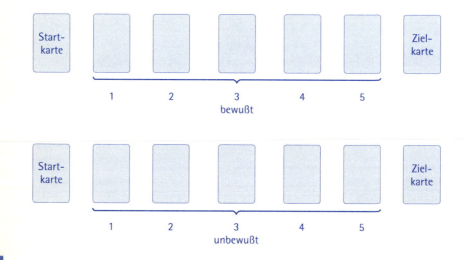

Der Siebener-Weg

Interessant ist nun, ob sich in beiden Reihen gleiche Symbolkarten zeigen. Die markieren dann mit Sicherheit die richtigen Stationen. Insgesamt geht es darum, den Unterschied zwischen logischem und unbewußtem, emotionalem Handeln herauszufinden, innere Differenzen herauszufiltern und deutlich zu machen. Eine Auslegeart, bei der sich die Ratsuchenden sehr öffnen.

Ein sehr eigenwillig wirkender junger Mann wählte als Startkarte den *Gehängte*n. Er begleitete diese Wahl mit den Worten: „Auf normalen Wegen komme ich nicht zum Ziel". Das Ziel war *der Mond*, denn er wollte auf Reisen gehen. Welche Reisen? Innerliche und äußerliche Reisen. Als erste Wahlkarte wählte er – offen ausgesucht – *das Rad des Schicksals*. Das bedeutete, daß er sich sehr anstrengen müßte, um das notwendige Startkapital für seine Ziele zu finden. Der Mann sagte: „Erster Punkt, Geld, dann mich selbständig machen", und schon wählte er den *Magier*.

Nach dem *Magier* fiel seine Wahl auf die 3. Karte, *die Gerechtigkeit*, und er meinte: „Mein Herz (es ist ja die einzige Karte, auf der das Herz zu sehen ist) muß mitmachen, dann" – er zog die 4. Karte, *die Kraft*, – „zähme ich alle! Dann kann ich meinem *Stern* ...", die Karte suche er heraus, „zu meinem Ziel folgen".

Der junge Mann gab an, die Karten noch nicht zu kennen, so war seine Wahl um so erstaunlicher. Nun kam das zweite Kartendeck an die Reihe. Start und Ziel waren wieder die gleichen Motive: *der Gehängte* und *der Mond*. Verdeckt suchte der junge Mann weiter. Wahlkarte 1: *die Auferstehung*. Dies signalisierte nach der Umkehrung durch *das Rad des Schicksals* eine *Auferstehung*. Dann kam die zweite Karte, *die Kraft*, die unter den *Magier* fiel, also würde der junge Mann diese *Kraft* finden. Die dritte verdeckte Karte war *der Eremit*, wonach klar wurde, daß der Weg auch manche Einsamkeiten mit sich bringen würde. Dann kam *der Magier* diesmal unter die vierte Karte, *die Kraft*. Was erstaunlich war, denn oben wie unten lagen bis jetzt zweimal die gleichen Karten! Das sieht immer vielversprechend aus, auch wenn sie nicht direkt untereinander liegen. Als fünfte und letzte Karte unter dem *Stern* lag *der Herrscher*, was Erfolg versprach. Die Karten sagten: Der junge Mann ist auf den richtigen Weg.

Auslegearten

Das Orakel   Das Orakel ist sehr beliebt. Es ist in der Auslegeart recht einfach, aber es sagt trotzdem viel aus. Wieder werden alle 22 Karten (große Arcana plus *Narr*) offen ausgelegt. Die Ratsuchenden nennen ihre Frage. Allerdings kann diese Frage abgelehnt werden, weil sie zu banal ist (Frage nach einem Lottogewinn), oder sie ist nicht zu beantworten, wenn etwa über den Tod eines Menschen Auskunft gefordert wird. Dann wählen die Ratsuchenden ihre Frage- oder Orakelkarte aus. Jede Frage findet ihre Karte, daran besteht kein Zweifel. Wie immer werden nun die Karten verdeckt zusammen- und dann verdeckt ausgelegt: Und zwar sechs Karten um die Fragekarte 1 herum, wie es die Abbildung zeigt. Es kann noch zusätzlich eine Karte ausgewählt werden, die aber bis zum Ende verdeckt bleibt. Warum, wird noch erklärt. Das wäre die Karte 8. Danach werden die Karten einzeln aufgelegt und im Gespräch erläutert. Die Karten bedeuten:

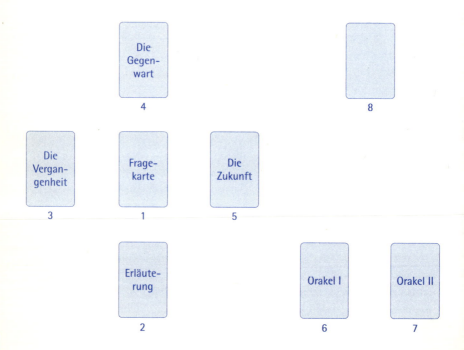

Das Orakel

- Karte 2: Erläuterung zur Frage
- Karte 3: die Vergangenheit, auf die Frage bezogen
- Karte 4: die Gegenwart
- Karte 5: die Zukunft

Jetzt kommt das Entscheidende. Wenn die Karte 5 Erfolg oder Zufriedenheit signalisiert, kann diese Auslegung abgebrochen werden. Ansonsten wird die erste von den zwei Orakelkarten 6 und 7 aufgedeckt. Dabei wählen die Ratsuchenden, welche sie zuerst sehen wollen.
Gibt diese Karte eine befriedigende Antwort, kann die Auslegung beendet werden. Wenn nicht, wählt man noch die letzte Karte.
Warum die Möglichkeiten der vorzeitigen Beendigung? Nun, man muß darauf aufmerksam machen, daß man auch zuviel fragen kann. Manche Ratsuchenden stellen soviel Fragen, daß sich die Antworten zu sehr widersprechen oder gegenseitig aufheben. Wer „zu viel" wissen will, erhält im Grunde meist keine richtige Antwort.
Aber die Beendigung entscheidet allein die oder der Fragende. Die Ratgeber fragen nur, ob die Antwort befriedigend sei.
Nun haben wir noch eine achte Karte beiseite gelegt. Warum? Es geschieht manchmal, daß die letzte Karte, also die zweite Orakelkarte, *der Tod* ist. Natürlich bedeutet *der Tod* nicht den *Tod* an sich, aber die Fragenden sind doch oft verängstigt und sehr deprimiert. Man täusche sich nicht, eine Arcanaauslegung hinterläßt Spuren, und mit der Karte *Tod* ist da nicht zu spaßen.
Ist die letzte aufgedeckte Karte die 13, also *der Tod*, dann – aber nur dann – wird die Karte 8 aufgedeckt, um zu sehen, was sich nach einem Ende, nach dem Abschluß einer Angelegenheit an neuen Aufgaben entwickelt. Diese Zusatzkarte wird übrigens auch bei anderen Auslegearten verwendet, so zum Beispiel beim Keltischen Kreuz. Verantwortungsvolles Kartenlegen verlangt dies! Und da die Karte *der Tod* ja wirklich nur ein „Ende von irgend etwas" symbolisiert, ist es legitim nachzusehen, wohin dieses Ende führt.
Auch hier ist es immer gut, die Symbole der Karten sprechen zu lassen. Eine junge Dame, die viel Erfolg im Beruf, dafür um so weniger in der Partnerschaft hatte, fragte, was sie den tun müsse, um auch in der Liebe Glück zu

Auslegearten

haben. Eine gute Frage, denn sie erwartet Hilfe nicht von außen, sondern von sich selbst. Als Karte der Frage wählte sie *die Sonne*. Eigentlich eine richtige Wahl, wenn auch bedacht werden muß, daß diese Karte nun nicht mehr fallen kann.

Verdrängt hatte sie Karte 2 (*der Hohepriester*), da ihre Anforderungen an die Männerwelt wohl zu streng wären. Als Karte 3, die die Vergangenheit betrifft, kam *die Kraft*. Sie war also in Bindungen immer die Stärkere und welcher Mann hält das auf die Dauer aus? Die Gegenwart wurde durch *die Herrscherin* symbolisiert. Hier steht der Wunsch eine Familie zu haben, gegen den Anspruch, doch immer zu dominant zu sein. Und dann kam der Paukenschlag. Als Karte der Zukunft wurde *der Herrscher* aufgedeckt. Auf ihre Orakelfrage bezogen hieße das, daß die junge Dame sich mehr nach einem gleichwertigen Mann umschauen sollte, den sie auch respektieren kann. Da kam eine lange Pause. Soll eine Orakelkarte aufgedeckt werden? Die junge Dame wählte die Karte 7. Es war *der Stern*. Die Antwort war: Sie müsse erst Liebe geben, ehe sie den Richtigen findet, aber dann wäre das Glück durchaus greifbar, denn Liebe ist Magie – Magie ist Liebe.

Soll die zweite Karte, die Karte 6, auch aufgedeckt werden? Die Dame verzichtete. Sie war mit ihrem Orakel sehr zufrieden. Niemand darf die Fragenden dazu drängen, die letzte Karte auch aufzudecken. Wird sie nicht genommen, verschwindet sie unangeschaut im Kartenberg.

Zu betonen ist, daß auch die ratgebenden Kartenlegerinnen oder Kartenleger diese letzte Karte nicht ansehen dürfen. Unbewußt überträgt sich das Erschrecken, wenn es sich um die Karten *der Tod* oder *der Teufel* handelt. Dies spüren die Ratsuchenden, und es verunsichert sie sehr. Es könnte sich bei ihnen sogar eine gewisse Angst entwickeln, was auf jeden Fall vermieden werden muß.

Der Ägyptische Leitstern

Der Ägyptische Leitstern Diese Auslegeart gilt ein wenig nach einer Prognose für das neue Jahr und wird gerne in der Zeit des Jahreswechsels gelegt oder um den Geburtstag herum. Der Leitstern signalisiert eine Jahresaufgabe, zeigt an, was in dem kommenden (Lebens-) Jahr zu leisten ist.

Alle Karten liegen wieder offen auf dem Tisch und die Problemkarte 1 wird herausgesucht. Das andere ist nun schon bekannt. Die Karten werden zusammengelegt, gemischt und verdeckt ausgebreitet. Danach werden sechs Karten herausgesucht, die einzeln offengelegt werden.

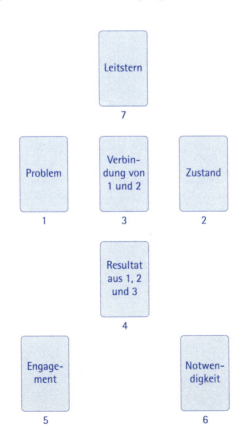

Auslegearten

- Karte 2 zeigt den Zustand der Fragenden.
- Karte 3 (und nun muß schon mehr kombiniert werden) sucht die Verbindung zwischen Karte eins und zwei, ähnlich wie wir es im Vortest hatten.
- Karte 4 spiegelt die Quintessenz der ersten 3 Karten wider.

Es soll bei dieser Auslegeart stets eine Entwicklung aufgezeigt werden, denn „Alles fließt", das war eine der großen Weisheiten von Heraklit. Eine Weisheit, die auch das Orakel von Delphi kannte, denn dort waren im Vorraum zur Pythia, in dem die Fragenden warten mußten, die sieben großen Sprüche der Planeten eingemeißelt. Der Spruch, „Alles fließt", war dem Mond zugeschrieben.
Wir geben ein Beispiel. Als Problem wird die Karte *die Entscheidung* ausgesucht. Das bedeutet: Ein Mensch sucht im Moment seine Richtung. Als Zustand fällt, verdeckt ausgesucht, *der Hohepriester.* Man steht also allem Anschein nach vor einer wichtigen Prüfung. Die Verbindungskarte – auch verdeckt ausgesucht – ist *die Kraft.* Die Karten signalisieren folglich, daß die oder der Fragende die Energie zu einer *Entscheidung* besitzt, und auch darausfolgende Prüfungen bestehen wird. Als Quintessenz (Karte 4) fällt nun *die Auferstehung.*
Die fragende Person steht also vor einem Neuanfang, wobei sie weiß, daß es ein Scheideweg ist, sonst hätte sie nicht die Karte *die Entscheidung* gewählt. Dieser Scheideweg führt zu einer Prüfung, die aber aus eigener *Kraft* bestanden werden kann, so daß einem Neuanfang nichts im Wege steht.

- Karte 5 symbolisiert nun, wohin dieses Engagement des Neubeginns gerichtet ist.
- Karte 6 allerdings macht darauf aufmerksam, was bei allen neuen Zielen doch als Notwendigkeit bestehen bleibt.

Beispiel: Die Karte des Neuanfangs wäre die Karte 0 oder 22, *der Narr.* Das sieht nach einem Aussteigen aus, nach einer Rastlosigkeit, nach einer äußeren oder inneren Wanderung. Da bleibt aber die Karte 6, die uns die Notwendigkeit anzeigt. Hier würde nun *die Herrscherin* aufgedeckt. Also reale Familien- oder Mutterpflichten. Ein immer wiederkehrendes Problem.

Die Antwort der Sphinx

Wie diesen Zwiespalt lösen? Da signalisiert nun die Karte 7, der Leitstern, die nahe Zukunftsaufgabe. Es wird *die Gerechtigkeit* aufgedeckt. Der Hinweis, erst einmal in aller Ruhe abwägen, dabei aber sein Recht auf den eigenen Weg nie aus dem Auge verlieren. Klar ist aber auch, daß hier das eigene Herz gewogen und beurteilt werden muß.

Die Antwort der Sphinx

Der (ägyptisch) oder die (griechisch) Sphinx war immer ein Symbol für Rätsel, Geheimnis und wegweisende Auskunft. Die Auslage gibt gleich auf mehrere Fragen eine Antwort, wenn diese auch zunächst etwas verschlüsselt erscheint.

Insgesamt benötigt man neun Karten. Die erste Karte, die immer als PK oder Problem- bzw. Personenkarte anzusehen ist, wird aus dem offen hingelegten Deck herausgesucht. Die Ratsuchenden legen dann die Karten verdeckt zusammen und breiten sie verdeckt auf den Tisch aus. Dann zeigen sie auf acht Karten, die von den Ratgebern aufgenommen und wie bei der Grafik um die Personenkarte herumgelegt werden. Unten wird mit der Karte 1 begonnen, dann geht es im Uhrzeigersinn weiter:

- Karte 1 bedeutet die Ausgangslage, die zur Tarotfrage führte.
- Karte 2 bedeutet die Stufe des Ichs in der Vergangenheit.
- Karte 3 bedeutet das Ich in seiner jetzigen Situation.
- Karte 4 bedeutet die Entwicklung, die zum Ziel führt.
- Karte 5 bedeutet das Ziel der Frage und der eigenen Berufung.
- Karte 6 bedeutet die Stufe zum Du und zur Ergänzung.
- Karte 7 bedeutet das Du, das durch die Frage mit berührt wird.
- Karte 8 bedeutet die Entscheidung, die durch die Frage ausgelöst wurde.

Bei der Auslegung werden anschließend noch die Gegenpole beachtet. Also:

- Karte 1 zu Karte 5 oder Ausgangslage und Ziel
- Karte 2 zu Karte 6 oder die Entwicklung des Ich's zu einer Ergänzung zum Du.

Auslegearten

- Karte 3 zu Karte 7 oder das Ich im Verhältnis zum Du.
- Karte 4 zu Karte 8 oder die Stufe zum Ziel und der Neuanfang.

Beispiel: Eine Frau Anfang 40 wählte als PK die zwei Wege der *Entscheidung*. Sie wollte sich also weiterentwickeln.
Als Karte 1 fiel *die Sonne*; in der Ausgangslage wollte die Fragende ihrer Partnerbindung also nicht schaden.
Karte 2 war *die Gerechtigkeit*: Sie war demnach schon länger auf dem Weg, sich selbst zu erforschen.

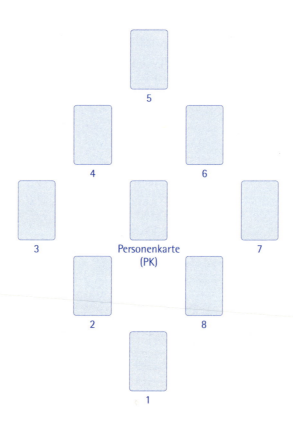

Die Antwort der Sphinx

Karte 3 zeigt den *Hohepriester*: Das Ich der Frau war immer in Strenge erzogen worden, was noch anhielt.

Als Karte 4 fiel *der Teufel*. Dies signalisierte, daß die Fragende ihre Dämonenkräfte mit einbringen muß, um zum Ziel zu kommen.

Karte 5, das Ziel, war *die Hohepriesterin*. Sie weist darauf hin, daß es um die Erkundung der Seele geht – nicht um äußeren Erfolg.

Karte 6 hieß *der Turm*. Vieles der täglichen Routine muß also einstürzen, um ein neues Verhältnis zum Du zu finden, denn das Du, die Ergänzung – symbolisiert durch den *Eremit*, – zeigt, daß das Du auch bereit ist, den Weg nach innen mitzugehen. Karte 8 vertieft diese Aussage: *das All*.

Die Achsen zeigen, daß Ehe (*Sonnenkarte*) und das Ziel zur Erkenntnis der Seele eine Einheit bilden sollen. Karte 2 zu 6 symbolisieren, daß nach einer Selbsterforschung vieles einstürzen muß. Karte 3 zu 7 deuten an, daß die eigene Strenge nicht auf den schon einsamen Partner zu projizieren ist, während Karte 4 zu 8 warnen, daß innewohnende, teuflische Kräfte nicht die Einheit der Mitte und zum Kosmos stören dürfen. Durch die Antwort der Sphinx hat diese Frau danach intensiv über sich und ihre Ehe nachgedacht.

Die Antwort der Sphinx – Variante

Für die Auslegeart „Die Antwort der Sphinx" gibt es eine Variante, welche sich aus der Praxis entwickelt hat. Sie ist differenzierter als die Originalauslegeart.

Als erstes wird die Karte *der Narr* herausgenommen und beiseite gelegt. *Der Narr* sind wir selbst, und diese Karte kommt später mit der ausgewählten „Großen Karte" in die Mitte der folgenden Anordnung. Die fünf großen Karten, die bei dieser Auslegung eine wichtige Rolle spielen und als die fünf Trümpfe gelten, sind identisch mit den fünf großen Personenkarten: *Magier*, *Hohepriesterin*, *Herrscherin*, *Herrscher* und *Hohepriester*. Diese fünf Karten symbolisieren archetypische Eigenschaften göttlicher Art. Dabei bedeutet:

- *Magier*: Helle Gottheit.
- *Hohepriesterin*: Tiefes, dunkles Wissen

Auslegearten

- *Herrscherin*: Weibliche, irdische Autorität (Mutter)
- *Herrscher*: Männliche, irdische Autorität (Vater)
- *Hohepriester*: Ordnende Zeitkraft, Prüfer und Dämonbändiger

Diese fünf Karten werden zuvor herausgenommen und verdeckt gemischt. Nachdem sie auf dem Tisch verdeckt ausgelegt wurden, wird die große Karte gezogen, die – zusammen mit dem *Narr* – den Mittelpunkt bildet. Dies symbolisiert, daß sich die Fragenden (*Narr*) mit einer bestimmten großen Karte auseinandersetzen müssen.

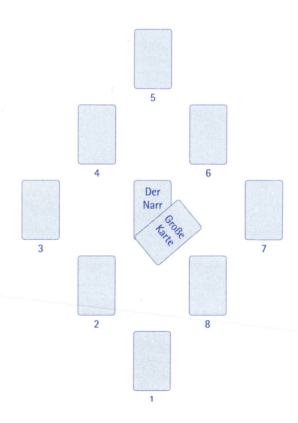

Die Antwort der Sphinx

Es bleiben 16 Karten übrig. Davon wird jede zweite Karte verdeckt gewählt und – wie die Grafik zeigt – um den *Narr* und die große Personen- oder Trumpfkarte gelegt.

Es gibt Überlegungen, ob zu den großen Personenkarten auch *der Tod* oder *der Teufel* zu zählen wären. Aber dies erscheint nicht so gut, weil *Tod* und *Teufel* dann bei den acht im Kreis liegenden Karten erscheinen können.

Wenn nun *der Narr*, als Vertreter der Fragenden, etwa mit der *Herrscherin* zusammenfällt, daß muß alles unter dem Gesichtspunkt einer Mutterproblematik gesehen werden, weil die Abnabelung vielleicht nie gelang. Das kann auch der Fall sein, obwohl die Mutter schon lange gestorben ist. Liegt *der Narr* mit dem *Herrscher* zusammen, dann gibt es sicher Autoritätsprobleme, die zur Auflehnung ja zum Anarchismus führen können. Liegt *der Narr* neben der *Hohepriesterin*, dann mag der Weg zum Inneren, zur Seele schwierig sein, während *der Narr* im Zusammenhang mit dem *Hohepriester* oft ein gestörtes Verhältnis zur Religion, und zum ordnenden Recht, zum Zeitablauf signalisiert. Auch ist dann meist eine große Prüfungsangst vorhanden. *Narr* und *Magier* geben eine Ausrichtung nach Erkenntnis, nach Wissen, allerdings mit der Gefahr der (noch) zu großen Egozentrik verbunden. Selbstverständlich können sich aus den Gesprächen noch andere Aspekte ergeben; diese hier sind nur als Anregungen zu verstehen, aber sie weisen sicher den Weg zur innewohnenden Problematik der einzelnen Fragenden.

Die übrig gebliebenen 16 Karten werden meist in zwei Reihen verdeckt hingelegt, jede zweite Karte wird aufgenommen und um den *Narr* und seine große Karte in Uhrzeigerrichtung – wie die Grafik zeigt – herumplaciert.

Bei der Deutung der acht Karten muß die Grundproblematik des *Narren* plus der ausgewählten großen Karte immer berücksichtigt werden. Wenn etwa *der Narr* mit der *Herrscherin* in der Mitte liegt, und es erscheint unter den acht Karten auch *die Sonne*, dann ist damit zu rechnen, daß es Ehe- oder Partnerschwierigkeiten gab, die auf die Einmischung der Mutter oder des Fragenden mit zurückzuführen sind.

- Karte 1: die Grundausgangslage
- Karte 2: die Stufe der Reife zum Ich

Auslegearten

- Karte 3: das Ich in seiner Egozentrik
- Karte 4: die Stufe des Ichs zum Ziel des Ichs
- Karte 5: das äußere Ziel
- Karte 6: die Stufe zum Du
- Karte 7: das Du
- Karte 8: das Ende zum Neubeginn

Schwierigkeiten dürfte vielleicht nur die Karte 8 machen. Aber mit dem Du (Karte 7) ist ja die Ergänzung gefunden, jetzt gilt es, sich in der Entwicklung weiter zu fordern. Die Karte 8 zeigt an, auf welche Weise dies geschehen könnte. Diese Richtung wäre in etwa einzuschlagen, um zu einer neuen Grundausgangslage zu kommen.

Wäre die Karte 8 etwa *der Gehängte*, dann hieße dies: Jetzt müssen aber doch auch die anderen Seiten des Lebens (die Kehrseiten) gesehen und bewältigt werden! Wäre die Karte 8 *der Mond*, hat die Seele noch einen weiten Weg zur eigenen Mitte zu gehen. Es empfiehlt sich immer, sich an die vorn mitgeteilten Bedeutungen der Karten zu halten. Die Karten lügen nicht, nur manche Fragenden belügen sich hin und wieder gerne selbst.

Die fünf großen Personenkarten

In der vorherigen Auslegeart spielten die fünf großen Personenkarten oder die fünf Trümpfe eine wichtige Rolle. Völlig im Mittelpunkt stehen sie bei dieser Auslegeart, die auch nach ihnen bekannt wurde.

Alle Karten liegen offen auf dem Tisch. Die fünf großen Personenkarten werden herausgenommen und in der Reihenfolge der großen Arcana hingelegt. Also angefangen bei der Karte *der Magier* bis hin zur Karte *der Hohepriester*. Diese Reihenfolge ist in der Grafik mit römischen Ziffern angegeben.

Dann werden die großen Personenkarten aufgenommen und verdeckt gemischt, um neu ausgelegt zu werden. In der Regel hat sich nun die Reihenfolge verändert. Diese Auslegung betrifft in der Grafik die mittlere Reihe. Entscheidend ist nun, welche der fünf großen Personenkarten auf Platz 1, 2,

Die fünf großen Personenkarten

3, 4 oder Platz 5 liegt. Diese Reihenfolge informiert über die Wichtigkeit der Karten für die Fragenden. Sie wird – wie üblich – mit arabischen Ziffern numeriert. Ist etwa die Karte 1 *der Hohepriester*, dann ist anzunehmen, daß hier Schwierigkeiten mit dem Glauben und der eigenen Demut bestehen. Diese Menschen können wohl innerlich (auch meist äußerlich) kaum ihre Knie beugen. Sie sind vielleicht unduldsam und starr und meinen, zuerst ihre Rechte durchsetzen zu müssen. Liegt *der Herrscher* an erster Stelle, dann mag der Vater oder eine andere Autorität manche Narben bei den Fragenden hinterlassen haben. Dies ist über ein Gespräch zu klären. Die Karte, die als

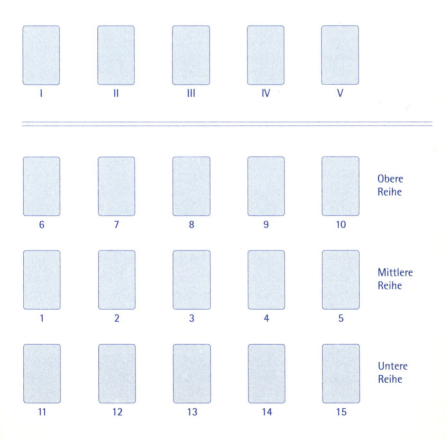

Auslegearten

letzte liegt, zeigt die wenigste Problematik an. Die Karten davor sind wichtiger. Die mittlere Reihe wird von zwei Reihen umrahmt. Eine Reihe kommt über die mittlere Reihe, eine Reihe unter die mittlere Reihe.

Beide Reihen werden verschieden ausgesucht. Aus den noch offen ausliegenden Karten wählen die Fragenden fünf Blätter, die jeweils über die entsprechende Karte der mittleren Reihe kommen, in der – wir wiederholen es – die fünf großen Personenkarten liegen. Die Fragenden sollen zu denen nun aus den anderen Karten die Karte auswählen, die ihnen den Weg zu der jeweiligen Personenkarte zeigen soll.

Beispiel: Ist die Karte 1 der mittleren Reihe *der Hohepriester*, dann ist es möglich, daß die oder der Fragende dazu die Karte *die Auferstehung* wählt und sie als Karte 6 über den *Hohepriester* legt. Das bedeutet, daß es nach jeder Prüfung, nach jeder Erstarrung einen Neuanfang geben muß. Über die Karte des *Herrscher*s könnte *die Kraft* gelegt werden: Meine eigene *Kraft* wird also das Autoritätsproblem lösen. Über *die Hohepriesterin* placierte eine Ratsuchende den *Mond* und meinte damit, daß der Weg zur Seele noch sehr weit sei. Über *die Herrscherin* wurde beispielsweise *der Narr* gelegt. Das wies darauf hin, daß *der Narr*, der ja immer auch ein Kind darstellt, sich nun von seinem mütterlichen Schutz entfernen sollte, um sich den Wind um die Nase wehen zu lassen. So wie einst die jungen Leute die Heimat verließen, um die Ferne und das Leben kennenzulernen. Wichtig ist, daß alle Karten offen ausgewählt, also bewußt herausgenommen werden. Diese obere Reihe sagt nämlich nach alter Kartenlegertradition aus, was einem dauernd durch den Kopf geht.

Wenn dies geklärt ist, werden nun die restlichen zwölf Karten aufgenommen, verdeckt gemischt und verdeckt ausgelegt. Die Fragenden wählen weitere fünf Karten heraus. Es sind die Blätter elf bis fünfzehn, die nun die untere Reihe bilden. Diese Reihe sagt – mit einem alten Kartenlegerwort drastisch ausgedrückt – „Was im Bauch sitzt", was das Unbewußte aussagt. Nun haben wir drei Reihen, die insgesamt zu betrachten und zu deuten sind: Die mittlere Reihe mit der neuen Ordnung der fünf großen Personenkarten. Die obere Reihe, die bewußt (offen) ausgesuchte Ergänzung, und schließlich die untere Reihe, wo die verdeckt ausgewählten Karten von 11 bis 15 liegen. Jetzt werden alle diese Reihen insgesamt, meistens über die Senkrechte,

Die Auskunft

gedeutet: Also 6 – 1 – 11. Ober 7 – 2 – 12, 8 – 3 – 13, ferner 9 – 4 – 14 und endlich: 10 – 5 – 15. Diese Deutungen klären recht gut die Probleme, die um jede Personenkarte deutlich werden.

Ein Beispiel: Über der großen Personenkarte *der Magier* liegt *die Entscheidung*, und unter dem *Magier* liegt *der Siegeswagen*; dann sagen diese drei Karten aus, daß das eigene Ich an einer Weiterentwicklung sehr interessiert ist, und daß dafür auch bewußt neue Entscheidungen getroffen werden müssen, um seinem unbewußt gelebten Siegesziel näherzukommen. Man kann auch folgern: Im Ich lebt ein starker unbewußter Wille, an die Macht (*Siegeswagen*) zu kommen, wofür konkret und konsequent alle Entscheidungen getroffen werden sollten.

Die Auskunft

Auf den ersten Blick erscheint diese Auslegeart etwas seltsam, aber sie hat sich in der jahrelangen Praxis bestens bewährt. Die Karten geben Auskunft über sich selbst oder über eine andere Person. Egal, ob es sich um die Freundin handelt, um den Mann, den Kollegen oder um einen Geschäftsfreund.

Wie funktioniert es?

Beim Auswählen der Personen- sowie der anderen Karten muß man intensiv an die Menschen denken, über die man eine Auskunft haben möchte. Es ist heute nun einmal so, daß viele überzeugend auftretende Leute in Wahrheit Blender sind, daß manche viel versprechen und wenig halten. Auch ist unsere Menschenkenntnis nicht immer die beste, aber in jedem von uns funktioniert eine Alarmanlage.

Die Seele oder das Unbewußte spüren oft viel besser als der Verstand, was in Wahrheit hinter der Fassade anderer steckt. Das Unbewußte ist es nun, das die Karten auswählt!

Nachdem die erste PK offen ausgesucht wurde, werden sechs Karten waagerecht daruntergelegt, die nach Mischung verdeckt ausgewählt wurden. Diese waagerechte Reihe weist uns auf die Eigenschaften der betreffenden Person (oder unsere eigenen) hin.

Die zweiten sechs Karten werden als Diagonale ausgelegt, sie zeigen uns die Gedanken des Menschen an, über den wir etwas wissen wollen. Je offener

Auslegearten

die Gedanken sind, desto kleiner die Zahl, also etwa Karte 7 bzw. 8. Die Karten 11 und 12 zeigen dagegen mehr die versteckten Gedanken auf.
Die waagerechte Kartenauslegung orientiert also über die Begabungen und Talente, wobei die Karte 6 die wichtigste Eigenschaft andeutet. Das heißt, die Eigenschaften steigern sich. Ist die Karte 1 etwa *die Gerechtigkeit*, dann ist sicher ein gewisser Sinn für Ausgleich vorhanden, aber erscheint als sechste Karte *der Turm*, dann überwiegt wohl doch das Zerstörerische. Die Deutung ist recht leicht, man braucht nur den Sinn des Bildes und in diesem Fall den Sinn des Namens der Karte aufzunehmen. Die diagonale Reihe, meist die wichtigste, weist auf die Pläne und die Gedanken hin.

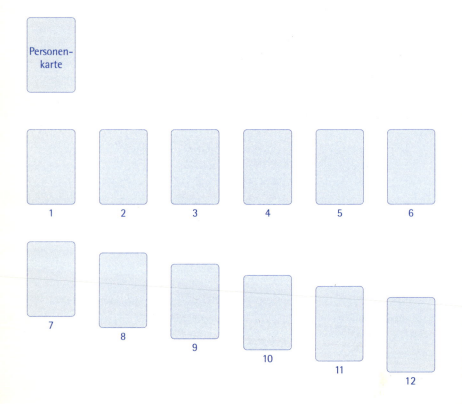

Das Keltische Kreuz

Fällt als Karte 7 etwa *der Magier*, dann haben wir es schon mit einem Egozentriker zu tun, der aber bemüht ist, sich stets von seiner besten Seite zu zeigen. Doch erscheint als Karte 12 *der Teufel*, dann muß damit gerechnet werden, daß diese Person doch von einer starken Hinterhältigkeit getrieben wird.

Selbstverständlich müssen alle Karten im Zusammenhang gesehen und alle Eigenschaften oder Gedanken und Pläne insgesamt gedeutet werden. Engel gibt es nun einmal nicht auf dieser Welt, so fallen bei dieser Auslegeart immer auch etwas „böse" Karten, und es kommt darauf an, zu erkennen, wie der Mensch damit umgeht. Liegt etwa als Karte 9 *der Teufel*, womit angezeigt wird, daß dieser Mensch schon sehr auf seine Vorteile schaut, dann wird das aufgehoben, wenn für die Karte 10 *die Gerechtigkeit* steht. (Je höher bei der Diagonale die Zahl, um so wichtiger die Aussage). Damit versucht also dieser Mensch seine etwas dämonischen Eigenschaften doch selbstkritisch zu besiegen. Es ist gefährlich, zu schnell ein negatives Urteil zu fällen. Daher ist es gut, wenn man diese Auslegeart zuerst bei sich selbst anwendet und darüber nachdenkt.

Das Keltische Kreuz

Hier handelt es sich um die klassische, die traditionelle Auslage des Tarot. Um sie ranken sich auch manche Legenden. So sollen die Kreuzritter das Keltische Kreuz aus dem Orient mitgebracht haben, andererseits heißt es, daß sich die Templer dieser Auslegung immer besonders angenommen haben. Kurz, bei keiner Kartensitzung sollte das Keltische Kreuz fehlen. Natürlich hat es viele Variationen erlebt, so erscheint es in manchen Tarotbüchern mit einer anderen Version, die aber von unserer kaum abweicht. Hier wird das klassische Keltische Kreuz gezeigt.

Wir benötigen im Grunde elf Karten. Aber eine zwölfte Karte legen wir dann doch noch beiseite, falls für die Karte 11, die das Ziel verkörpert, *der Tod* präsentiert wird. Hier verhalten wir uns wie bei der Orakelauslegung.

Die Karte 11, das Ziel, ist gleichzusetzen mit der fernen Zukunft, und wenn hier *der Tod* zu sehen ist, dann könnte man zwar sagen, daß alles bis zum Lebensende so geschehen wird, wie vorher gedeutet, – aber der Schock, eine

Auslegearten

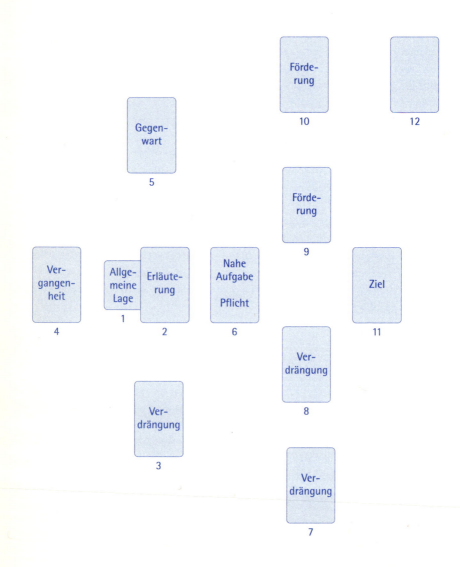

Das Keltische Kreuz

Todeskarte als Abschluß zu finden, löst sehr gefährliche Reaktionen aus. Noch einmal: Die Karte 12 darf nur aufgedeckt werden, wenn die Karte 11 den *Tod* zeigt. Bei keiner anderen Karte! Ist die Karte 11 nicht *der Tod*, dann muß die 12 verdeckt, wie sie daliegt, in den großen Resthaufen der Karten versteckt werden. Weder die Ratsuchenden noch die Ratgeber dürfen diese Karte sehen, denn unbewußt macht man sich Gedanken, und diese Gedanken haben immer auch eine Wirkung.

Die Karte 1, die hier „die allgemeine Lage" genannt wird, wird offen ausgewählt. Dann alle Karten aufgenommen, gemischt und verdeckt ausgebreitet. Elf Karten werden nun mit dem Rücken nach oben aufgenommen und wie in der Grafik ausgelegt.

Die Bedeutung der Karten:

- Karte 2 erläutert die allgemeine Lage.
- Karte 3 versucht aufzudecken, was die Fragenden verdrängen.
- Karte 4 führt in die Vergangenheit zurück, also die Ursache, woraus sich die Frage ergab, denn jede Frage hat ihre Vergangenheit.
- Karte 5 beleuchtet die Gegenwart.
- Karte 6 zeigt an, welche Pflichten und Aufgaben für die nahe Zukunft zu erwarten sind.

Nun haben wir einen sehr wichtigen Einschnitt zu den Karten 7 bis 10. Zwei Karten besagen, was die Fragenden jetzt zu verdrängen suchen, was sie also in der jetzigen Situation nicht tun sollen. Zwei Karten dagegen zeigen an, was jetzt an Kräften zu mobilisieren oder zu fördern ist.

In der Praxis hat es sich als gut erwiesen, daß die Fragenden vorher entscheiden, welche Karten zuerst hingelegt werden sollten, die der Verdrängung oder die der Förderung. Dies ist jedoch eine sehr individuelle Erfahrung des Autors.

Nun kann es sich erweisen, daß unter den Karten, die anzeigen, was man in der nächsten Zeit verdrängen soll, etwa *der Stern* liegt, der ja auch die Liebe symbolisiert.

Da fällt es den Menschen schwer, diesen Rat nachzuvollziehen. Aber es kann durchaus Situationen im Leben geben, daß die Liebe einer anderen Aufgabe

Auslegearten

wegen (etwa politischer Art) zurückstehen muß, die die ganze Kraft erfordert, so daß man sich allein auf diese Aufgabe zu konzentrieren hat.

Auch kann als Verdrängungskarte *die Sonne* auftauchen: Für die nächste Zeit dürfte die Partnerschaft nicht vordergründig berücksichtigt werden. Die Praxis zeigt, daß dies oft bei Künstlern der Fall ist, wenn für eine Hauptdarstellerin bei einer Tournee etwa die Frage auftaucht: Was geht vor, meine Karriere oder meine Familie?

Solche oft schwierigen Probleme werden über den Tarot erläutert, um zum Nachdenken anzuregen.

Wer einen neuen Weg einschlagen möchte, und er findet als Karte 8 für das, was er jetzt nicht machen soll, den *Gehängten,* der wird über den Tarot ermahnt, sich treu zu bleiben, und sich nicht (bildlich gesprochen) auf den Kopf zu stellen.

Gerade die Karten 7 und 8 sind das Interessante am Keltischen Kreuz, und daher regen sie auch besonders zum Nachdenken an. Erblicken wir als Verdrängungskarte *das Maß*, dann heißt es, (immer nur für die Dauer der gestellten oder besprochenen Situation), daß die Betroffenen diesmal nicht so auf das Maßhalten wertlegen, sondern vielleicht auch einmal ihre konventionellen Fesseln sprengen sollten.

Fallen dagegen bei den Karten 9 und 10, (die anzeigen, was man fördern sollte), *Teufel* und *Turm*, dann ist dies eine Aufforderung (natürlich nicht für immer), in diesem speziellen Fall alle Fesseln abzulegen und dem Trieb und Willen mit Inbrunst zu folgen, auch wenn zerstörerische Kräfte dabei freigelegt werden könnten. Selbstverständlich werden sich solche Ratschläge nur aus einem Gespräch entwickeln! Dieses Gespräch verlangt ein gutes psychologisches Eingehen auf die Fragenden. Der Tarot gibt nur Ratschläge, nie sagt er genau, was kommt! Da ähnelt er dem berühmtesten Orakel der Welt, Delphi. Auch dieses Orakel gab Hinweise für das Verhalten, um die Zukunft zu meistern. Bekannt ist der Ratschlag an den König und Geldherrn Kroisos, der fragte, ob er das Reich der Perser angreifen könnte. Die Antwort der Pythia lautete: „Wenn Kroisos den Fluß Alys (die Grenze zum Perserreich) überquert, wird er einen großen Staat zerstören". Siegesgewiß eilte Kroisos zurück und mobilisierte seine Heerhaufen. Der Krieg begann und ein Reich war zerstört. Aber nicht das Reich der Perser, sondern das

Der persönliche Baum

Reich des Kroisos. Kroisos hörte aus dem Orakel nur das, was er hören *wollte,* und er bedachte nicht, daß er auch sein Reich gefährden könnte.

So ähnlich verhält es sich beim Tarot. Die Karten sollen zum Nachdenken anregen, wobei immer bedacht werden muß, daß alle Dinge ihre Polarität oder ihre zwei Seiten haben.

Damit kommen wir zur Zielkarte 11. Hier ist die ferne Zukunft gemeint. Da kann *der Turm* liegen. Das heißt: das Alte besiegen, um neu anzufangen. Oder *der Mond*: Dies würde sagen: Rüste Dich für einen langen Weg.

Finden wir hier den *Tod*, dann – aber nur dann – decken wir die Karte 12 auf. Ist dies etwa *der Siegeswagen*, dann werden uns Pflichten auferlegt, deren Erfüllung uns zum Sieg führt. Meist ist damit ein Sieg über sich selbst gemeint.

Ist die Karte 11 nicht *der Tod*, dann wird die Karte 12 schnell verdeckt in den Resthaufen der Karten zurückgesteckt.

Der persönliche Baum

Hier brauchen wir jede zweite Karte, also elf an der Zahl. Diese Auslegeart dient dazu, sich über manche inneren Vorgänge klarzuwerden. Das ist nützlich für Personen, die so gar nicht mit sich zurechtkommen. Der persönliche Baum ist dabei sehr einfach zu handhaben.

Alle Karten werden offen ausgelegt. *Der Herrscher* (1), *die Herrscherin* (2) und die Karte, die das eigene Ego-Typische am besten symbolisiert (3), werden als erste Karten herausgenommen.

Der Herrscher symbolisiert den Vater, *die Herrscherin* die Mutter. Der Vater kommt links unten hin, *die Herrscherin* rechts unten, vom Kartenleger aus gesehen.

Danach wird gewählt, was man sehr typisch für den Vater (4) und sehr typisch für die Mutter (5) empfand.

War der Vater beispielsweise sehr streng, dann kann hier *der Hohepriester* gewählt werden. Lenkte die Mutter die Geschicke der Familie, dann wäre *die Kraft* angebracht.

War der Vater unzuverlässig oder ein kleiner Filou, dann kann man den *Narren* oder den *Gehängten* als Karte 4 wählen. War die Mutter sehr gerecht,

Auslegearten

dann wird *die Gerechtigkeit* als Karte 5 neben *die Herrscherin* gelegt. Danach wird die Karte 6 stellvertretend für die Erziehung gewählt. War diese locker, so wäre *der Narr* passend, war die Erziehung sehr vom Glauben geprägt, dann wird vielleicht *das All* ausgesucht. Bei der Karte 7 Milieu geht es um die Herkunft, ob bürgerlich (*das Maß*), oder eher karg (*Rad des Schicksals*), beziehungsweise luxuriös (*Sonne*).

Nun folgt die Karte 8 für den Beruf, den man gelernt hat (*Narr* etwa als Vertreter oder Handlungsreisender, *der Magier* etwa als Symbol der Selbständigkeit). Karte 9 sagt aus, was einen als meistens lockt. Hier wird meist *der Stern* (Liebe und Magie) oder *die Kraft* gewählt.

Als Karte 10 der Berufung wird oft *die Hohepriesterin* genommen. Spätestens jetzt fällt den Ratsuchenden auf, daß die Wahl immer schwieriger wird, denn fast die Hälfte aller Karten ist bereits auserwählt.

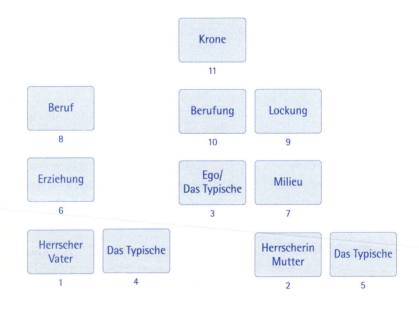

Die Schicksalsuhr

Die Frage für die Karte 11 lautet im Grunde: Was setzt allem die Krone auf? Das kann auch eine Zielkarte sein, ein Wunsch, der auch das Seelische sehr berühren kann. Die Wahl fällt den Fragenden oft sehr schwer.

Es empfiehlt sich daher, die zwölf Restkarten alle zusammenzulegen, um dann verdeckt die Karte 11 der Krone herauszusuchen. Diese Möglichkeit wird oft genutzt, aber richtiger ist es, sich die Karte auch offen auszuwählen. Denn nun heißt es: Was bleibt noch übrig?

In Seminaren wird immer wieder die Erfahrung gemacht, wie stark gerade diese Auslegeart berührt. Es kommen Erinnerungen aus der Kindheit oder ersten Lebenshälfte hervor, die manchmal Tränen fließen lassen. Aber das ist eher als Erlösung und Befreiung anzusehen. Man erinnert sich, durch welche Schwierigkeiten man sich hindurchlaviert hat. Und nun bleibt die Wahl des eigenen Handelns, das dem Leben eine Krone aufsetzen muß. Wenn nicht schon vorher benutzt, wird hier häufig *die Gerechtigkeit* gewählt, um auszudrücken, daß man die eigene Mitte zu finden hofft. Oder es wird *die Kraft* ausgesucht. Häufig ist es aber auch *der Gehängte*, um anzuzeigen, daß man vieles ändern müßte.

Die Schicksalsuhr

Man sagt, diese Auslegeart stamme vom fahrenden Volk. Sie wurde einst mit den Zigeunerkarten gelegt, dann aber von den Tarotdeutern übernommen. Hier wird der Versuch gemacht, das ganze Leben in Vergangenheit und Zukunft zu erfassen. Die Lebensdauer wird nach alter esoterischer Version mit 84 Jahren (im Durchschnitt) angesetzt. Jede Karte symbolisiert sieben Lebensjahre.

Die offen ausgewählte Personenkarte zeigt, in welcher Fragesituation sich die/der betreffende Ratsuchende befindet. Daher ist diese Wahl äußerst wichtig.

Die Auslegung beginnt oben rechts mit der Karte 1 und setzt sich dann im Uhrzeigersinn fort. Kommt ein junger Mann im Alter von 29 Jahren, dann hat bei der Schicksalsuhr für ihn die fünfte Stunde geschlagen.

Karte 1 ein bis sieben Jahre, Karte 2 acht bis vierzehn Jahre, Karte 3 fünfzehn bis einundzwanzig Jahre, Karte 4 zweiundzwanzig bis achtundzwanzig

Auslegearten

Jahre etc. So ist abzusehen, was in den ersten sieben Jahren bestimmend war, was in den Jahren von acht bis vierzehn maßgebend schien und so fort.

Da kommt eine Frau, die 57 Jahre alt ist. Ihre jetzige Situation ist also der neunte Schicksalsabschnitt. Diese Karten des Alters müssen selbstverständlich mit der Problemkarte kombiniert werden. War die Problemkarte *der Gehängte*, um auszudrücken, daß sich die fragende Person, zum Beispiel ein junger Mann von 36 Jahren, stets als Außenseiter fühlte, dann muß *der Gehängte* mit der Karte 6 (Alter 36 bis 42 Jahre) zusammengesehen werden. Ist diese Karte 6 etwa *der Eremit*, dann befindet sich der Außenseiter in einem Alter, da er sich zurückziehen muß, um sich über seinen inneren Weg klar zu werden.

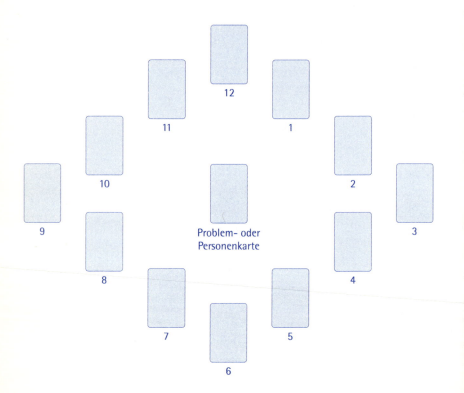

Der Rat des Osiris

Nun ist es in diesem Fall natürlich interessant, die vergangenen fünf Lebensabschnitte an Hand der Karten 1 bis 5 nachzuvollziehen. Diese symbolisieren selbstverständlich nicht den gewesenen Lebenslauf, aber sie charakterisieren, was wichtig war. Oft ergibt sich auch aus dem Gespräch, was versäumt wurde. Das zu klären erweist sich häufig als recht nützlich, weil danach die Aufgaben für die kommenden Abschnitte, die uns die Schicksalsuhr anzeigt, besser interpretiert werden können. So signalisiert *der Magier* eine Zeit, da man sich selbst sehr in den Mittelpunkt stellte. Die *Entscheidung* eine Phase, da man zwischen zwei Wegen wählen mußte.

Der Siegeswagen zeigt einen Lebensabschnitt an, da man meinte, es geschafft zu haben und dann sehr übermütig wurde, *der Herrscher* kann von einer wichtigen Position zeugen, die in einem bestimmten Zeitpunkt erreicht wurde.

Der Stern signalisiert einen Lebensabschnitt, wo entweder die Liebe oder die Esoterik eine bedeutende Rolle spielte, beziehungsweise beides wichtig war.

Durch den möglichen Rückblick wird oft die Zukunft besser verstanden, so daß die Karten beste Wegweiser sein können. Immer beachten, daß die letzten Karten meist die wichtigsten sind, denn auf diese Lebensabschnitte steuern wir ja zu. Frühzeitig einstellen – sich auf mögliche Tendenzen vorbereiten – das ist oft die beste Hilfe!

Der Rat des Osiris

Die Namen mancher Auslegearten sind sehr traditionell oder sogar poetisch gewählt, so auch der Name der Rat des Osiris. Zu Osiris gehen, daß war der Wunsch aller Ägypter. Osiris war einst die Sonnengottheit, die dann, nachdem man Osiris ermordet und zerstückelt hatte, zur Mondgottheit wurde. Aber jede Mondgottheit steht wieder auf, das war das Entscheidende.

„So wahr Osiris aufersteht,"– und daran gab es nie einen Zweifel – „so wirst auch Du selbst auferstehen". Wer also zu Osiris ging, rüstete sich für das Sterben, um über eine Schwelle zu gehen, nach der die Seele wieder aufersteht, um sich weiter zu entwickeln. Auch wurde der Rat des Osiris für das tägliche Leben stets benötigt, denn seine Seele, sein Geist galten als allwis-

Auslegearten

send. Ohne den Segen des Osiris gelang nichts, und an seinen Festtagen pilgerten Tausende zu seinen Gedenkstätten. Es gab 14 davon, denn der Leib des Osiris war ja in 14 Teile aufgeteilt. In ebensovielen Abschnitten zeigt sich auch der Mond in seiner Entwicklung vom Vollmond zum Schwarzmond. Man kann auch sagen, in 14 Nächten nimmt der Vollmond so ab, daß er vom Himmel verschwindet, um danach (drei Tage vergehen) wieder aufzuerstehen.

Für diese Auslegeart benötigen wir 15 Karten, von denen eine, die Karte 1, offen ausgewählt wird. Die 14 anderen Karten gelten als die Nachtkarten, die verdeckt gezogen werden müssen. Die Nächte bringen uns in ein Gespräch mit unserer Tiefe (Seele), weil das Tagewerk dafür zu laut, zu vordergründig ist, und der bewußte Verstand ja die Stimmen unseres Unbewußten in der Regel ganz weit nach unten verdrängt.

Der Rat des Osiris

Die 15 Karten werden wie die Säulen eines ägyptischen Tempels ausgelegt. Die Karte der Mitte (Symbol für die Suche nach der Mitte) wird offen ausgesucht. Dann werden die Blätter wieder verdeckt gemischt und auf den Tisch ausgebreitet. 14 Karten werden ausgewählt. Die sind dann – gemäß der arabischen Zahlen – so um die Karte der Mitte zu drapieren, wie es in der Grafik angegeben ist. Nachdem die Karte 2 und die Karte 3 hingelegt wurden, ist zu beachten, daß die anderen Karten links herum – also gegen die Uhrzeigerrichtung – zu ordnen sind. Oft ist versucht worden, die ersten drei Karten als Vergangenheit, die nächsten drei Karten als Realität auszubreiten. Aber das bewährt sich in der Praxis nicht.

Die 14 Karten sind verdeckt und möglichst gleichmäßig auf die vier Blöcke zu verteilen, wodurch auch noch eine gute Kartenmischung entsteht. Auch das Aufdecken geschieht einzeln in der angegebenen Reihenfolge. Es ist gut, die Blätter nacheinander umzudrehen und sogleich zu deuten, dies sollte recht spontan vorgenommen werden.

Die Karte 2, die stets in Bezug zur Karte 1 gesehen werden muß, macht den Anfang. Es geht um die allgemeine Lage, in der sich die Fragenden befinden. Die kann sehr hoffnungsvoll sein. Wenn als Karte 1 etwa *der Eremit* gewählt wurde, weil die betreffende Person sich in einer inneren Einsamkeitsphase befindet, und die Karte 2, die die Lage beschreibt, ist *die Sonne*, dann lebt die Person vielleicht in guten Verhältnissen, fühlt sich aber trotzdem ausgeschlossen. Oft erinnert ein Zusammenspiel solcher Karten an einen goldenen Käfig. Die Karte 3, welche die Aussicht mobilisiert, mag in einem Fall *das Rad des Schicksals* sein. Das sieht für die fragende Person nicht so rosig aus, da viel Arbeit an sich selbst verlangt wird. Andererseits wird diese Mühe manche Befreiung und Klarheit bringen. Nachdem dieser mittlere Block halbwegs erläutert wurde, werden jetzt die anderen Karten auf besondere Art aufgeblättert. Die fragende Person hat drei Fragen. Jede Frage wird einzeln beantwortet und zwar nach dem Schema: Realität oder Gegenwart – Vergangenheit – Wegweiser – Kräfte der Zukunft. Für die erste Frage steht folglich die Karte 4, die die Realität anzeigt. Es folgt die Karte 5, die die Gründe, welche in der Vergangenheit liegen, aufdeckt. Dann die Karte 6, welche als Wegweiser dient, und schließlich die Karte 7 für die Kräfte der Zukunft.

Auslegearten

Die zweite Frage würde genauso beantwortet mit der Reihenfolge: 8 – 9 – 10 – 11. Die dritte Frage mit den Karten 12 – 13 – 14 – 15. Drei Fragen also sind erlaubt, mehr Fragen gestattet keine Fee, wohl wissend, daß man sich zu Tode fragen kann. Wer zuviel fragt, der bekommt zuviele Antworten, mit denen er dann letztlich nichts anfangen kann. Aus der Grafik wird gut ersichtlich, daß die Antworten immer von innen nach außen verlaufen, also weg vom Kern hin zum Allgemeinen, denn jeder Kern hat ja eine Wirkung in die Außenwelt, die auch immer bedacht sein will. Jede Antwort baut folglich auf vier Karten auf, die gut zu kombinieren sind.

Wir geben wieder ein Beispiel aus der Praxis. Die Frage lautet: „Wie geht es für mich in der Partnerschaft weiter?" Erst nach der gestellten Frage wird die Karte der Realität aufgedeckt. Es war *der Magier*. Dies kann bedeuten, daß in einer nach außen guten Partnerschaft jeder der beiden im Grunde seiner Wege geht. Dadurch ist die weibliche Partnerin in eine Einsamkeit geraten, aus der sie heraus will. Wie kam es nun dazu? Nun, die Karte 5 der Vergangenheit heißt *der Siegeswagen*. Dies bedeutet, daß der Partner nur seinen Wagen zum Erfolg steuerte, ohne wahrzunehmen, daß seine Gefährtin darunter litt. Sie sagte auch nichts, denn sein Erfolg gestattete ihr ein luxuriöses Leben, das sie gerne genoß. Aber dann kam der Punkt, da es nicht mehr weiterging. Jetzt suchte sie einen Wegweiser. Die Karte 6 hieß *die Entscheidung*. Also kommt es allein auf sie an, was sie in Zukunft zu tun gedenkt. Sie ist nun entschlossen, die Entscheidungen, die nur sie betreffen, allein zu fällen und auch allein durchzuführen.

Dazu muß sie aber auf die Kräfte der Zukunft vertrauen. Dies spiegelt die Karte 7 wider, *die Auferstehung*. Das signalisierte: Helfen wird dir nur dein Glaube an dich selbst, wenn es auch heißt, in vielen Dingen von vorne ohne Sicherung neu zu beginnen. Wichtig sind die Kräfte, die durch Selbsteinsatz geweckt und gewährt werden. In diesem Sinn sind dann auch die nächsten zwei Fragen zu beantworten.

Diese müssen von den Ratsuchenden allein gestellt werden! Also keine Suggestionen, oder Hinweise wie „Ich würde jetzt fragen, wie der Mann auf Ihre neue Einstellung reagiert". Die Ratsuchenden können sich ja immer Zeit lassen und sich auf ihre eigenen Wünsche konzentrieren. Solange haben die Deuter zu schweigen.

Entscheidung

Es wird deutlich geworden sein, daß es bei dieser Auslegeart nur um Verhaltensweisen geht, nie um Auskünfte in der Art: „Dann kommt eine Scheidung, oder ein Lottogewinn, oder ein Unfall ist zu erwarten".

Der Rat des Osiris gestattet eine Rückschau, eine Besinnung, eine Klärung der jetzigen realen Lage, und die Erkennung eines Wegweisers, der in die Zukunft zeigt. Mit dieser Auslegung können wirklich Kräfte mobilisiert werden, die sich dann in der Realität deutlich bemerkbar machen, gewissermaßen als Schlüssel zu sich selbst. Die meisten Menschen ahnen gar nicht, wie verschlossen sie oft vor sich selber sind. Daß man nicht gerne in sich hineinschauen läßt, ist verständlich und meist auch völlig richtig. Aber man selbst muß den Mut aufbringen, die Ursachen für eigene Fehlhandlungen zu erkennen.

Diese Auslegeart wird oft von Personen benutzt, die vor einem Berufswechsel- oder -ende stehen, dann taucht die Frage auf: Was nun? Was machen? Wer will schon sein Leben nur im Sessel vor dem Fernseher verbringen! Mindestens eine geistige Aufgabe muß her! Der Wegweiser dafür kann durchaus mit dem Rat des Osiris gefunden werden.

Entscheidung zwischen zwei oder drei Personen

Diese Form der Auslegeart ist recht leicht, auch ein wenig spielerisch. Man sollte sie nicht zu ernst nehmen, wenn auch gesagt werden muß, daß man damit oft verblüffende Resultate erzielt.

Wer die Wahl hat, hat die Qual. Jeder Mensch erlebt das immer wieder. Da kann es harmlose Entscheidungen geben zwischen zwei oder drei Friseuren oder Kostümschneidern, da kann es sich um mehrere Bekannte handeln, auch um die Wahl zwischen zwei oder drei Rechtsanwälten. Da steht man beim Autokauf zwischen zwei Autoverkäufern, oder zwischen zwei Häusermaklern beziehungsweise zwei Versicherungsvertretern. Wir alle wissen, daß die Schulung der Leute in den oberen Gehaltsklassen so gut ist, daß alle ein vertrauenerweckendes Auftreten haben, so daß der Kopf sehr schwer eine Entscheidung treffen kann. Aber eines funktioniert immer noch: Die innere Warnanlage. Zwar lassen wir die heute im Alltag kaum mehr zu, aber

Auslegearten

die Karten können uns doch auf den richtigen Weg führen. Das Schema der Auslegung ist einfach.
Für jede Person, die zur Wahl steht, wird eine für diesen Menschen annähernd typische Karte ausgesucht. Es ist sehr einfach, wenn man sich die 22 offen ausgelegten Karten der Reihe nach anschaut.

Entscheidung

Für einen eher nachdenklichen Typ würden wir *die Entscheidung* nehmen, für einen Draufgänger den *Siegeswagen*. Für eine kraftvolle Frau *die Kraft* und für eine eher ausgleichende Frau vielleicht *das All*. Schon bei dieser Auswahl klärt sich oft die innere Zuneigung. Nun werden wieder alle Karten aufgenommen, gemischt und auf dem Tisch verdeckt ausgebreitet. Dann wählt die oder der Fragende die Karten verdeckt aus – gemäß der angegebenen arabischen Zahlenreihe. Die Reihenfolge sollte nicht verändert werden, denn so wählen wir für jede Person nach einem halbwegs gerechten Schlüssel die Karten aus.

Sind alle Karten ausgelegt, werden sie Person für Person aufgedeckt. Es gibt gewisse Regeln. Wenn etwa unter einer Person *der Tod* erscheint, dann scheidet dieser Mensch ohne Diskussion aus, es sei denn, es handelt sich um eine Krankenpflege. Leider wird so auch oft der Arzt ausgesucht, was entschieden abgelehnt werden muß, während die Wahl der Krankenpflegerin schon eher zu dulden wäre – wenn auch mit Einschränkungen. Aber es kommt ja immer auch auf die innere Sympathie an, die sehr entscheidend helfen kann. Auch bei *Teufel* oder *Turm* scheidet die Person wohl aus, es sei denn, man braucht einen Manager, der erst einmal Tabula Rasa macht, ehe er seine Arbeit beginnt. Hier wäre *der Turm* sehr gut.

Geht ein Rennen unentschieden aus, dann wird aus den verbliebenen, verdeckten Karten je eine Orakelkarte ausgewählt, die die Entscheidung bringt. Als positiv haben sich – um nur einige Beispiele zu bringen – folgende Karten bewährt: *Der Magier* ist jemand, der sich für eine Sache einsetzt. *Die Hohepriesterin* sagt aus, daß die in Frage kommende Person mit der Seele voll hinter ihrer Aufgabe steht. Auch *die Herrscherin* und *der Herrscher* zeigen echte Hilfe an, wenn beide doch auch mehr ihre eigene Meinung durchsetzen wollen. *Der Siegeswagen* erscheint dagegen etwas zu stürmisch und ungeduldig. Gut wäre *die Gerechtigkeit*, schwierig *der Eremit* oder *das Rad des Schicksals*. Höchst positiver Beistand ist von der *Kraft* zu erwarten, weniger vom *Gehängten*, es sei denn, man möchte selbst völlig neue Wege gehen. *Das Maß* weist sicher darauf hin, daß hier kaum Fehler gemacht werden, und *der Stern* erscheint wie ein Geschenk. Genauso wie *die Sonne* und *das All*. Doch es empfiehlt sich, diese Auslegeart nicht zu überschätzen. Sie taugt allerdings für eins sehr gut: Man kann die eigene Kombinations-

Auslegearten

kraft bestens schulen! Man kann Freundinnen, Kollegen, Nachbarn für sich vergleichen. Deswegen ist diese Auslegungsart auch in diesem Buch aufgenommen worden.

Das Wagnis

Das Wagnis ist sehr beliebt. Es wirkt zunächst ein klein wenig kompliziert, aber nur bei der Auslegung, nicht bei der Deutung, daher ist es im Grunde doch recht einfach.

Der Name das Wagnis kommt wohl daher, daß hier alle 22 Karten benötigt werden. Hier kommt niemand am *Tod*, am *Rad des Schicksals*, weder am *Teufel* noch am *Hohepriester* vorbei. Es gibt auch keine Karte, die nach dem *Tod* gelegt werden könnte. Eine Auswahl ist also nicht möglich. Das ist das Wagnis!

Zu Beginn die schon bekannte Zeremonie. Alle Karten offen auf den Tisch gelegt, so daß die Ratsuchenden sie sich in Ruhe anschauen können. Danach wird die Karte 1 als Karte des Zustandes offen ausgewählt. Nach der Mischung der Karten, die verdeckt erfolgt, werden alle verdeckt – also mit dem Rücken nach oben – wie folgt ausgebreitet (Grafik A): Es wird nach der gleichen Regel wie beim Orakel ausgelegt. Also unter die Karte 1 kommt die Karte 2, links davon – aber sehr nach außen gelegt – die Karte 3. Oben die Karte 4 und rechts (vom Betrachter aus) die Karte 5. Dann geht es so weiter. Neben die Karte 1 die Karte 6, neben die Karte 2 die 7, neben der Karte 3 die 8 und so fort.

Zwei Karten bleiben automatisch übrig, die dann unten rechts placiert werden. Der obere Teil unserer Grafik gibt die Auslage wieder. Danach werden die Karten zu je 5 Gruppen zusammengelegt, und zwar so, daß die kleine Zahl jeweils nach oben kommt. Also 1 – 6 – 11 – 16, dann 3 – 8 – 13 – 18 usw. Die so zusammengelegten Karten bleiben noch verdeckt liegen.

Jetzt wenden wir uns der zweiten Grafik (B) zu. Die mittlere Reihe der Grafik A, die mit der Karte 1 beginnt, wird die 3. Reihe in der unteren Grafik B. Die Karten werden jetzt offen ausgelegt. Es sind die Karten 1 – 6 – 11 – 16. Unter dieser Reihe kommt der Kartenhaufen, der auch in der oberen Grafik (A) unter der mittleren Reihe lag. Das ist der Haufen mit den Karten 2 – 7 – 12 – 17.

Das Wagnis

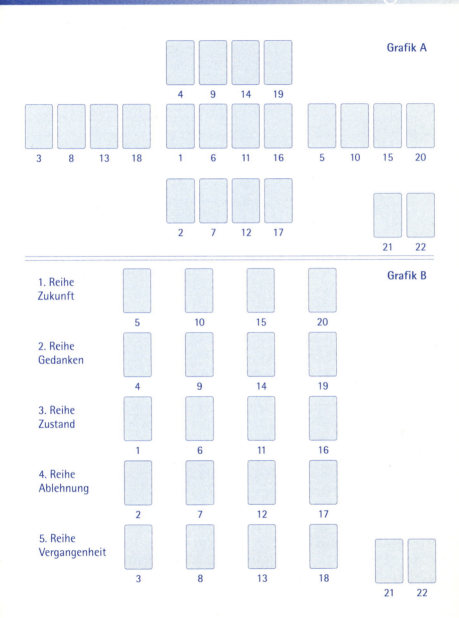

Auslegearten

Der Kartenhaufen, der vom Betrachter aus in der Grafik A links neben der mittleren Reihe lag, wird nun die unterste Reihe mit den Nummern: 3 – 8 – 13 – 18. Der obere Haufen der Grafik A kommt nun über die mittlere Reihe: 4 – 9 – 14 – 19. Nun bleibt nur noch ein Kartenpaket übrig, das als oberste Reihe mit den Nummern: 5 – 10 – 15 – 20 ausgebreitet wird (Grafik B).

Bleiben die letzten zwei Karten übrig. Die Nummern 21 und 22 kommen, wie beim Orakel, rechts nach unten und bleiben verdeckt.

Die einzelnen Reihen haben folgende Bedeutung: Die mittlere dritte Reihe gibt den allgemeinen Zustand wieder. Hier wird es sehr wichtig sein, ob die vier Karten halbwegs miteinander harmonieren oder nicht. Wenn hier etwa *der Teufel* neben dem *Gehängte*n, dem *Hohepriester* und der *Gerechtigkeit* liegt, dann kann kaum von Harmonie gesprochen werden. In diesem Fall scheint der Zustand sehr zerrissen zu sein. Die Menschen wirken sehr schöpferisch, sie sitzen gleichzeitig auf mehreren Stühlen. In ihnen leben zwar Ideen und Pläne, aber es fällt ihnen schwer, in sich einen Frieden zu finden, um ihre Kreativität produktiv werden zu lassen. Überwiegen dagegen Karten, welche eher Harmonie ausstrahlen, dann besteht die Gefahr der zu großen inneren Ruhe. Etwa wenn neben der *Hohepriesterin* die Karte *das Maß* und *das All* liegen. Findet man zusätzlich *die Sonne* in dieser Reihe, dann breitet sich im Zustand ein Glücksgefühl aus, das jedoch letztlich erstickend wirken kann.

Unter dieser dritten Reihe des Zustands liegt die Reihe, die das, was abgelehnt wird, versinnbildlicht. In den Fachkreisen der alten Kartenleger wurde dies mit dem Satz beurteilt: „Was man mit Füßen tritt".

Es ruft oft ein gewisses Entsetzen hervor, wenn hier etwa *der Stern* fällt, der ja auch für die Liebe steht, oder *die Gerechtigkeit*. Erst bei näherem Nachfragen werden sich die Ratsuchenden darüber klar, daß es durchaus Momente und Lebenssituationen geben kann, wo man die Liebe mit Füßen getreten hat, wo man – um des eigenen Vorteils willen – *die Gerechtigkeit* des Herzens nicht so arg strapaziert hatte, wie man es eigentlich hätte tun sollen. Finden wir hier den *Magier*, dann heißt dies möglicherweise, daß man sich selbst mit Füßen tritt, sich verleugnet, sich nicht treu bleibt oder sich selbst nicht mag, und daher ist die- oder derjenige dann höchst unglücklich. Sofort tauchen bei solchen Feststellungen natürlich die Fragen nach den Ursachen

Das Wagnis

auf. Und es ist wichtig darauf eine Antwort zu finden. Dazu dient die unterste fünfte Reihe, die nun die Vergangenheit widerspiegelt. Auch hier ist es oft recht schwer, sich echte Rechenschaft über die Karten zu geben. Das Schwerste für alle Menschen ist ja oft die notwendige Selbstkritik. Die ist aber gerade bei der Betrachtung der fünfte Reihe sehr wichtig.

Finden wir hier etwa den *Turm*, dann muß nachgeforscht werden, was in der Vergangenheit zerstört wurde, wann ein Neubeginn notwendig war. Oder es liegt *der Siegeswagen* da: Dann ist zu untersuchen, ob man selbst vielleicht zu leicht Erfolg hatte und hochmütig gegen andere war. *Der Eremit* würde in der fünften Reihe aussagen, daß man sich zu früh isoliert hatte. Es kann aber auch sein (und dazu braucht es eben das Gespräch), daß in der Vergangenheit ein Grund bestand, sich für ein Klosterleben zu entscheiden. Oft sagt *der Eremit* nur aus, daß Kindern oder Jugendlichen das laute Leben der Eltern zu hektisch war, etwa wenn neben dem *Eremit der Herrscher* oder *die Herrscherin* liegt.

Der Tod in dieser Reihe kann anzeigen, daß manch schwere Verluste der Vergangenheit das folgende Handeln prägten. Oder daß eine schwere Krankheit einen in der Schule oder im Verein von Sport und Spiel ausschloß. So tragen gerade die Karten der fünften Reihe dazu bei, manches Verschüttete wieder ans Licht zu bringen. Natürlich, wenn hier *die Kraft* zu finden ist, dann drückt dies eventuell aus, daß die oder der Fragende in der Jugend voller Schwung und Lust auftrat, daß alles in der Kindheit oder Jugend bestens gelang. Die Vergangenheit braucht natürlich nicht immer in die Jugend zurückzuführen. Auch in der Arbeit gibt es eine nähere Vergangenheit. Doch was vergangen ist, wird ja leicht verdrängt.

Danach wird die zweite Reihe gedeutet, die uns anzeigen möchte, welches denn so unsere Gedanken und Planungen in der jetzigen Situation sind. Das ist meist leichter zu erfassen. Finden wir hier den *Teufel*, dann können wir vielleicht eine Verführungssituation erkennen, oder uns treiben rein sexuelle Wünsche, die alle Gedanken beherrschen. Liegt hier *der Stern*, dann ist unser Denken voller Liebeswünsche, wir sind vielleicht derart verliebt, daß wir keinen klaren Kopf mehr haben. *Die Auferstehung* zeigt uns in dieser Reihe an, daß wir neu anfangen wollen. Die Kombinationshinweise sind folglich recht klar und einfach. Bei einiger Übung macht die Deutung auch kaum

Auslegearten

Schwierigkeiten. Die Karten der obersten und ersten Reihe, die wir jedoch als letztes deuten, sind die Wegweiser für die Zukunft. *Das All* würde meinen, wir sollten uns nicht isolieren, sondern in den Kosmos und das allgemeine Geschehen eingliedern. *Das Rad des Schicksals* kündigt an, daß es auch in der Zukunft kein leichtes Leben geben wird. *Der Gehängte* signalisiert neue Pläne, die die Zukunft zwar bunt, aber auch schwierig gestalten können.

Damit wären jetzt die Karten 21 und 22 aufzublättern. Es sind die Orakelkarten, die uns zeigen, was unser wichtigstes Ziel sein sollte. Das also, was nie aus den Augen zu lassen ist. Auch können hier Chancen angekündigt werden. Etwa, wenn *die Sonne* als Karte 21 oder 22 liegt, und die Fragenden gerade Partnerprobleme haben. Die letzte Karte ist immer die wichtigste. Um kein Risiko einzugehen, kann schon bei der Karte 21 abgebrochen werden. Nur der Deuter weiß ja mit Sicherheit, welche Karte die 22. ist.

Der Herrscher wird zum Narr – der Narr zum Herrscher

Die folgenden drei Auslegearten stellen den *Narr* in den Vordergrund. Er symbolisiert ja uns, die Suchenden, die Fragenden. Da *der Narr* im strengsten Sinn nicht zu der großen Arcana gehört, kann er durchaus der Mittelpunkt mancher Fragen sein. Wir beginnen mit „der Herrscher wird zum Narr".

Aus den offen daliegenden Karten werden *der Herrscher* und *der Narr* herausgenommen. *Der Herrscher* wird in die Mitte des Tisches gelegt, *der Narr* beiseite. Dann werden elf Karten aufgenommen, gemischt und verdeckt mit dem Kartenrücken nach oben auf den Tisch ausgebreitet. Hier gibt es keine Personen- oder Problemkarten, das sind ja *Narr* und *Herrscher*.

In den Haufen der elf herausgenommenen Karten wird *der Narr* hineingegeben, dann wird wieder gemischt und die nun zwölf Karten (elf herausgenommene Karten plus *Narr*) um den *Herrscher* wie ein Zifferblatt herumgelegt. Die Zahlen unter den Kästchen auf der Grafik sind nur Ortsangaben, um später zu sagen: Wir beginnen bei 9 oder bei 5 etc. Wo die Ratsuchenden mit dem Herumlegen der Karten beginnen, das ist allein ihre Sache. Sie

Narr und Herrscher

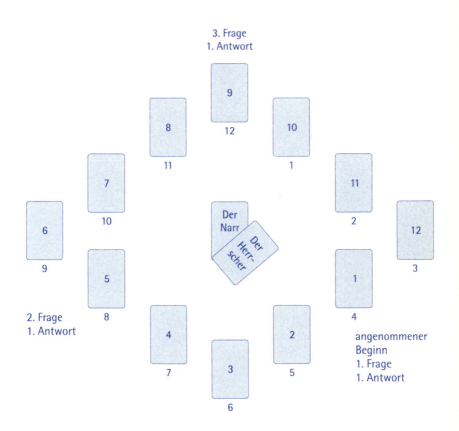

können folglich bei 7 anfangen oder bei 11, wo sie eben wollen. Drei Fragen haben die Ratsuchenden frei. Drei Fragen, die aus vier Antworten bestehen. Jede Antwort gliedert sich in vier Teile, die einen festen Sinn haben. Es wird immer im Uhrzeigersinn vorgegangen. Die vier Teile der Antworten lauten:

- Die erste Karte betrifft die Wünsche, die in der Frage liegen.
- Die zweite (im Uhrzeigersinn) erläutert die vorhandenen Gegenkräfte.
- Die dritte Karte zeigt die Hilfe an, die eventuell vorhanden ist.
- Die vierte beleuchtet das in der Frage verborgene innere, seelische Ziel.

Auslegearten

Die folgende fünfte Karte ist dann die erste Antwort der zweiten Frage und so geht es weiter.

Eine Karte nach der anderen wird aufgenommen. Sobald aber *der Narr* auftaucht, wird er gegen den *Herrscher*, der in der Mitte liegt, ausgetauscht. *Der Herrscher* kommt dann an die Stelle, wo *der Narr* lag, was nun der Antwort einen neuen Inhalt gibt. Nachdem dies den Ratsuchenden langsam und deutlich erklärt wurde, bestimmen diese, wo sie anfangen wollen.

Ein nicht mehr ganz junger Mann hatte eines Tages das Junggesellenleben satt, obwohl er bei den Frauen – wie er unbescheiden betonte – großen Erfolg hätte. Aber nun habe er ein Mädchen kennengelernt, daß er gerne fester an sich binden würde. Als er die Karten um den *Herrscher* gelegt hatte, entschied er sich dafür, bei der Karte 4 anzufangen.

Es gilt die Zahl außerhalb der Kästchen. Die Numerierungen in den Kästchen gelten nun für die Fragen beziehungsweise für die Antworten.

Der Mann zögerte etwas mit der Frage, nachdem ihm gesagt wurde, daß es auf die genaue Formulierung ankäme, dann fragte er mutig. „Ist es an der Zeit, vom Junggesellenleben nun endgültig Abschied zu nehmen?"

Es wurde *das All* aufgeschlagen. Dies bedeutete, daß sich der Mann nach einer allgemeinen Ordnung sehnt, daß die Wünsche vielleicht viel weniger von der Liebe geprägt werden, als dem Bedürfnis nach einem Eingebundensein, ja Versorgtsein im Leben. Als zweite Karte kam dann *die Kraft* oder die Lust. Das waren die Gegenkräfte. Es war eindeutig, daß der Mann seinen Lüsten weiter nachgehen wollte, er wollte bestimmten, was geschehen sollte. Als darüber gesprochen wurde, sagte er nur: „Ich weiß genau, daß Caroline" – so hieß seine neue Bekanntschaft – „das nicht mitmachen würde".

Die dritte Karte zeigt ja die Hilfe an, die möglich wäre. Es war *die Herrscherin*. Das paßte dem Mann nun gar nicht. Nein, unterjochen würde er sich nicht lassen, rief er spontan. Die Antwort des Kartenlegers: „Aber die Frau könnte in Ihrem Leben eine bedeutende Rolle spielen. Sie würde für mehr als nur für Ordnung sorgen, und sie wäre auch immer für Sie da, sicher wollte sie aber auch ein oder zwei Kinder haben". „Das stimmt", rief der Mann, „aber die Verantwortung …".

Bei der vierten Karte ging es um das innere oder seelische Ziel dieser Frage. Es war *der Gehängte*. Damit konnte der junge Mann nicht viel anfangen, bis

Herrscher und Narr

ihm erläutert wurde, daß diese Karte symbolisierte, daß sich seine Seele, sein Unterbewußtsein scheinbar sehr stark nach einer Umwandlung seines Lebens sehne. Daß er sich fragen sollte, ob dies nicht der Fall sein könnte, wenn er auch auf manche reizvollen Aspekte seines bisherigen Lebens verzichten müsse. Aber – so der Deuter – in jedem Verzicht liege mit Sicherheit auch immer ein Gewinn. Damit waren vier Antworten auf die erste Frage des Mannes gegeben.

Die zweite Frage war sehr überraschend. Der Mann fragte: „Wäre ich denn ein guter Vater?"

Nun kam es auf die erste Karte an, es war die Karte 5 (Zahl im Kästchen), *die Auferstehung,* und damit konnte der Mann zunächst nichts anfangen. Daher der Deuter erklärend: „Es sieht so aus, als würden Sie als Vater ein völlig neuer Mensch! Als würden Ihre besten Charaktereigenschaften auferstehen. Da diese Karte die Wünsche symbolisiert, scheint in Ihnen doch ein starker Wille nach sinnvoller Tätigkeit zu stecken, der Sie bei Verwirklichung sehr aufleben lassen würde".

Dann wurde die Karte 6 (Zahl im Kasten) umgedreht. Es war *die Entscheidung.* Die Gegenkräfte sind also viele Zweifel und Gedanken, die besagen, daß wenig mit dem Herzen, mehr mit dem Kopf entschieden wird.

Die dritte Karte war *die Gerechtigkeit.* Diese Karte, die Hilfe anzeigt, bedeutet immer, daß alles allein vom Herzen zu entscheiden ist.

Es war fast schon zu zutreffend. Einmal der Kopf, dann das Herz: der Kopf als Gegenkraft, das Herz als Hilfe. Aber nun kam für die zweite Frage die vierte Karte heran. Es war *der Narr.* Der mußte nun mit dem *Herrscher* ausgewechselt werden.

Jetzt lag *der Narr* als wirklich Fragender in der Mitte und *der Herrscher* nahm seinen Platz als Karte 8 (Zahl im Kästchen) ein. Das gab natürlich ein neues Bild. *Der Narr* an dieser Stelle würde etwa aussagen, daß das seelische Ziel immer noch ein großes Freiheitsbedürfnis signalisiere, daß der Mann nie Verantwortung übernehmen wollte, weil er ganz für sich – wenn auch als *Narr* – durch die Welt und das Leben kommen möchte.

Nun wurde der nicht mehr so junge Mann darauf aufmerksam gemacht, daß die dritte, weil letzte Frage gut überlegt sein will. Zuerst meinte er, eigentlich keine Frage mehr zu haben. „Ist dies der Fall, dann ist die Auslegung zu

Auslegearten

Ende". Der Deuter wollte schon die Karten zusammenpacken, als doch noch eine Frage gestellt wurde.

„Halte ich die neue Richtung durch, wenn ich sie einschlage?" – Als erste Karte dieser dritten Frage (Zahl 9 im Kasten) wurde *die Sonne* aufgedeckt. Eine in diesem Fall sehr eindeutige Antwort: Die Wünsche, die diese Karte zum Ausdruck bringt, sind auf eine gute Zweisamkeit ausgerichtet, das Alleinsein genügend ausgelebt. Die Karte der Gegenkräfte (Zahl 10 im Kasten) war *der Siegeswagen*. Der signalisierte ja, daß viele Siege nicht mehr als einzelner errungen werden dürfen, wenn die Zweisamkeit darunter nicht leiden soll. Diese Karte mahnt aber auch, nicht in alte Strukturen zurückzufallen. Eine Entscheidung muß getroffen werden. Da kam es schon sehr auf die Karte der Hilfe an (Zahl 11 im Kasten): *das Maß*.

Dazu brauchte es nun wirklich keiner Erklärung mehr. Es galt Maß zu halten und manche Eskapaden, manche Wünsche zu begraben.

Blieb die letzte Karte, die etwas über das seelische Ziel aussagt. Das seelische Ziel erfaßt immer den ganzen Menschen, daher ist die Karte wichtig. Es war *der Stern*, die Karte der Liebe, dem nichts mehr hinzuzufügen war.

Der Narr geht auf Wanderschaft

Die zweite Auslegeart mit dem *Narr* im Mittelpunkt heißt: Der Narr geht auf Wanderschaft. Alle Menschen sind stets auf Wanderschaft, was ihre Entwicklung angeht. Diese Auslegeart soll das verdeutlichen. Sie versucht dazu noch das Temperament der Ratsuchenden einzufangen oder besser ihre Motorik. Die Wanderschaft kann nämlich in verschiedenen Schritten erfolgen.

Der Narr wird herausgesucht und offen nach oben links (vom Betrachter aus) postiert. Dann werden die gemischten Karten verdeckt in drei Reihen zu je sieben Blättern ausgelegt.

Die Ratsuchenden wählen nun, wo sie mit ihren Schritten anfangen wollen. Lautet die Antwort „bei 8", dann wird an der Spitze der zweiten Reihe angefangen. Lautet die Antwort 18, dann wird bei der vierten Karte der letzten Reihe begonnen. Es ist von Schritten die Rede gewesen. Die Frage, die jetzt kommt, lautet nämlich: „Wollen Sie in kleinen, in mittleren oder in

Der Narr auf Wanderschaft

großen Schritten vorgehen, denn *der Narr* sind Sie!" Vielleicht lautet die Antwort: „Ich möchte in kleinen Schritten als *Narr* vorgehen", und erläutert, was es mit den Schritten auf sich hat.

Beispiel: Wer in kleinen Schritten vorgehen will, beginnt bei der Karte 11, und nimmt nacheinander die nächsten sechs Karten auf, der endet also bei der Karte 17. Sieben Karten sind aufgedeckt.

Lautet die Antwort: „Mein *Narr* wandert in mittleren Schritten", dann wird jede zweite Karte übersprungen. Aufgedeckt werden also nur die Anfangskarte 11, dann die 13, die 15 und die 17. Lautet dagegen die Antwort: „Mein *Narr* wandert mit großen Schritten", dann werden jeweils zwei Karten übersprungen. Aufgedeckt wird folglich nur die Karte 11, dann die Karte 14,

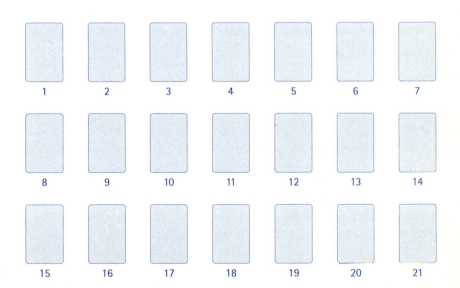

Auslegearten

und die Endkarte 17. Die Anfangs- und die Endkarte sind natürlich immer gleich. Der Unterschied besteht darin, daß bei den großen Schritten die Karte 14 aufgedeckt wird, während es bei den mittleren Schritten die Karten 13 und 15 sind. Es ist aber immer nur ein Weg möglich. Ohne es zu bewußt zu wissen, wählen die Ratsuchenden verschiedene Stationen aus. Jetzt gehen die Gedanken sicher zurück zum Siebener-Weg, wo es auch auf die Stationen ankam, die ausgefüllt werden mußten, um vom Start zum Ziel zu kommen. *Der Narr*, der in kleinen Schritten wandert, geht ja einen Siebener-Weg, nur hat er die Start- und Zielkarte nicht offen ausgelegt.

Es ist nun vom Temperament und von der Motorik ganz entscheidend, welche Wege der Wanderschaft gewählt werden. Im Tarot kann man sagen: Wer kleine Schritte nimmt, kommt sicherer zum Ziel, weil er keine Stationen ausläßt, und daher alle Anregungen, die sich ihm bieten, mitnimmt. Bei den mittleren Schritten sieht dies schon anders aus, während *der Narr* in großen Schritten das Ziel vielleicht schneller erreicht, aber er bleibt im Grunde ein *Narr*, denn er hat nur eine Zwischenstation gemacht.

Wir geben mal ein kleines Beispiel: Als Karte 11 wird *der Hohepriester* aufgenommen. Als Startkarte bedeutet dies, daß *der Narr* (also jeder von uns, der diese Auslegeart benutzt) sich vor einer schweren Lebensprüfungssituation befindet. Es wird Geduld verlangt, aber auch Demut und der große Glaube, daß etwas kommt, das zu meistern ist. Oft ist es gut, jetzt schon die Zielkarte 17 aufzudecken. In diesem Fall wäre es *der Herrscher*. Alle Ratsuchenden – ob in großen, in mittleren oder in kleinen Schritten – streben also eine Entwicklung an, wo sie am Endziel nicht zu übersehen sind, nachdem sie die Selbstbeherrschung gelernt haben.

In kleinen Schritten wandert *der Narr* über alle Stationen: 11 – 17. Fällt *der Teufel*, heißt dies, er muß mit seinen eigenen Trieben kämpfen. Fällt *der Tod*, besagt dies, daß die eigenen Egotriebe erst absterben müssen, ehe er sich auf dem *Rad des Schicksals* neu entwickeln kann, um geläutert wieder von unten nach oben zu kommen. Die nächste Station ist *der Eremit*, der eine stille Klausur beinhaltet, nach der dann *der Siegeswagen* kommt, der den Sieg über sich selbst anzeigt, um sein Ziel als *Herrscher* zu erreichen.

In großen Schritten bleibt als Zwischenstation nur *das Rad des Schicksals*. Immer an sich arbeiten, jedes Auf und Ab als Chance begreifen.. An allen

Der Narr im Fadenkreuz

anderen Stationen wandert *der Narr* vorbei, also am *Teufel*, am *Tod*, am *Eremit* und am *Siegeswagen*. Wer als *Narr* in mittleren Schritten wandert, der geht am *Teufel* und am *Rad des Schicksals* sowie am *Siegeswagen* vorbei. Dafür begegnet er dem *Tod* und dem *Eremit*. Beide Schritte, die mittleren wie die großen, zeigen sich also als zu sprunghaft und damit im Grunde unlogisch. Dies ist in die Deutung einzubeziehen. Wählt jemand als Start die Karte 20, dann zählt er 21, 1, 2, 3, 4, 5.

Der Narr im Fadenkreuz

Diese dritte Auslegeart mit dem *Narr* in der Hauptrolle benötigt alle 22 Karten. Es geht hier um einen grundlegenden Erkennungstest für die Ratsuchenden, der zuerst ein wenig kompliziert erscheinen mag, aber sehr beliebt ist.

Der Narr wird herausgenommen und in die Mitte des Tisches placiert. Dann werden die anderen Karten verdeckt um den *Narr* herumgelegt.

- Reihe 1 kommt senkrecht unter den *Narr*
- Reihe 2 kommt links waagerecht neben den *Narr*
- Reihe 3 kommt senkrecht über den *Narr*
- Reihe 4 kommt waagerecht rechts neben den *Narr*

So steht *der Narr* im Fadenkreuz. Die Reihenfolge der einzelnen Kartenauslage entnehmen Sie bitte der Grafik. Es bleibt eine Karte übrig. Dies ist die Jokerkarte, die letztlich alles entscheidet. Sie kommt als 21 links unten in die Ecke.

Die Karten werden nun einzeln in der Nummernfolge 1, 2, 3 … 20 aufgedeckt, so wie sie gelegt wurden. Jede der vier Reihen hat eine bestimmte Bedeutung:

- Reihe senkrecht nach unten: Was verdränge ich?
- Reihe waagerecht nach links: Was war?
- Reihe senkrecht nach oben: Was ist?
- Reihe waagerecht nach rechts: Was wird?

Auslegearten

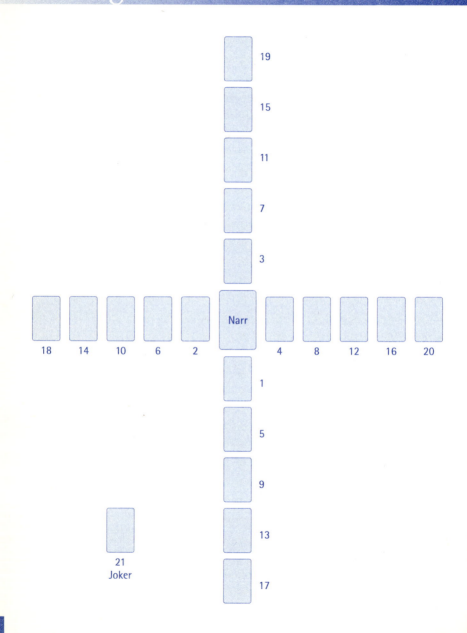

Der Narr im Fadenkreuz

- Die Karten 1 – 2 – 3 – 4 sagen aus, was *der Narr* sieht.
- Die Karten 5 – 6 – 7 – 8 sagen aus, was *der Narr* hört.
- Die Karten 9 – 10 – 11 – 12 sagen aus, was *der Narr* sagt.
- Die Karten 13 – 14 – 15 – 26 sagen aus, was *der Narr* fühlt.
- Die Karten 17 – 18 – 29 – 20 sagen aus, was *der Narr* ist.

Nun kommt noch eine andere Bedeutung dazu. Wir geben ein Beispiel:

- Karte 1: Was *der Narr* sieht, aber nicht sehen will.
- Karte 2: Wie *der Narr* die Vergangenheit sieht (Reihe „Was war")
- Karte 3: Wie *der Narr* die Gegenwart sieht (Reihe „Was ist")
- Karte 4: Wie *der Narr* die Zukunft sieht (Reihe „Was wird")

Und so geht es weiter mit 5 – 6 – 7 – 8 was *der Narr* hört. (Verdrängung, Vergangenheit, Gegenwart, Zukunft). Das gleiche mit „sagt, fühlt, ist".
Die Jokerkarte wird ganz am Ende aufgenommen. Erst nach dem Aufdecken der Karte 20 weiß der Kartendeuter, was sich unter der 21 offenbart. Ist es beispielsweise *das All*, dann sind die Aussichten höchst positiv.
Der Titel „der Narr im Fadenkreuz" drückt aus, was mit dieser Auslegeart gemeint ist. Es geht um uns, wenn man sich selbst die Karten legt, oder um einen Ratsuchenden. Es geht nicht darum, Zukunftsaussichten zu erkunden oder etwas über andere zu erfragen.

Auslegearten

Die Pyramide   Diese Auslegeart kann auch als psychologischer Test verwendet werden. Alle 22 Karten der großen Arcana plus *Narr* sind im Spiel, denn es geht um den ganzen Menschen. Hier analysiert sich die oder der Ratsuchende selbst.

Es empfiehlt sich, mit dieser Auslegeart nicht zu früh zu beginnen, erst sollten alle anderen geübt sein, und der Sinn und die Deutungsbezüge sollte jeder wie im Schlaf beherrschen. Sicher ist aufgefallen, daß die Karten fast in jeder anderen Situation anders oder variabler gedeutet werden. Das ist das Große am Tarot. Jede Karte symbolisiert so viele Inhalte, soviel archetypisches Wissen, daß dies nicht mit einem Schlagwort mitgeteilt werden kann. Hinzu kommt, daß jeder Tarotdeuter durchaus etwas Spezielles in den Karten entdecken kann, was anderen vielleicht verschlossen bleibt. Daher ist die Arbeit mit dem Tarot höchst individuell, wie es auch gerade die Pyramide beweist.

Die Karten werden wie immer offen ausgebreitet. Nach dem Betrachten legen die Ratsuchenden die Karten zusammen, um sie dann verdeckt in der Reihenfolge der Grafik anzuordnen. Begonnen wird unten links. Sieben Karten werden von links nach rechts gelegt, die Karte 4 kann etwas nach oben geschoben werden. Die Pyramide besteht aus drei Seiten zu je 7 Karten plus einer Karte als Kartenspitze. Aber die Seiten werden nicht nacheinander von unten nach oben gelegt, sondern abwechselnd einmal links (vom Betrachter aus) dann rechts. Wieder links, dann rechts usw. Die letzte Karte kommt oben in die Mitte. Das ist die Krone der Pyramide. Bei einer Reihe von sieben Karten ist stets die vierte Karte die mittlere. Folglich wird jede mittlere Karte etwas aus der Reihe geschoben. Das sind in der unteren Reihe die Karte 4, links nach oben die Karte 14, und rechts nach oben die Karte 15. Mit der Karte 22, der Spitze der Pyramide, haben wir dann vier Karten, die mit am wichtigsten werden.

Die untere Reihe symbolisiert von 1 bis 7 die Basis, die Grundlage, auf der die oder der Ratsuchende zur Zeit stehen, die Gefahren, aber selbstverständlich auch die Chancen, die im Moment die Fragenden berühren könnten. Dabei teilen wir diese Basis in zwei Teile. Die Karten 1 bis 3 stellen die mehr unbewußte Basis dar, die Karten 5 bis 7 die bewußte Basis. Die Karte 4 steht zwischen beiden Polen, so wie jeder Mensch mit beiden Polen lebt.

Die Pyramide

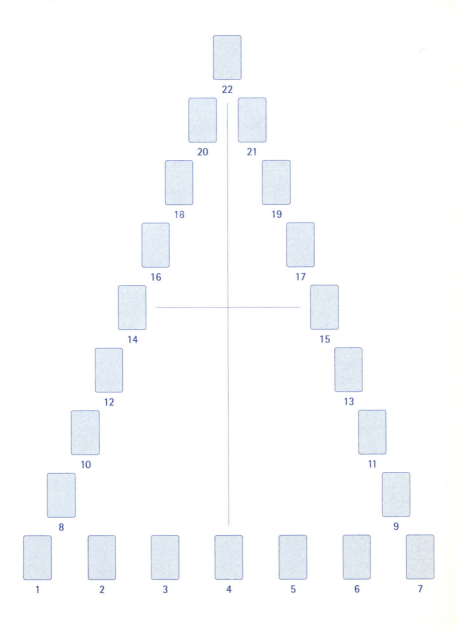

Auslegearten

Die linke aufsteigende Reihe (Karten 8 – 10 – 12 – 14 – 16 – 18 – 20) symbolisiert das unbewußte Denken, Planen und die Wünsche der Ratsuchenden. Die rechte aufsteigende Reihe (Karten 9 – 11 – 13 – 15 – 17 – 19 – 21) verdeutlicht, was das Bewußte plant, denkt und sich wünscht.

Es stehen sich folglich immer Unbewußtes und Bewußtes gegenüber. So muß auch gedeutet werden, bis zum Abschluß die vier jeweils mittleren Karten den Punkt auf das I setzen.

Diese vier Karten stellen die Brennpunkte dar und bilden das Kreuz, das jeder für sich zu tragen hat.

Vom Deuter wird hier viel Einfühlungsvermögen verlangt. Es ist gut, wenn die Betroffenen jeweils selbst zu den Karten Stellung beziehen würden.

Da kam beispielsweise eine junge Frau.

Zuerst wurden die Karten 1 – 2 – 3 aufgelegt, also das eher Unbewußte der Basis. Man erkennt, womit sich die Seele zur Zeit beschäftigt. Es waren: Karte 1 *die Auferstehung*, Karte 2 *die Entscheidung*, Karte 3 *der Tod*. Wie aus der Pistole geschossen rief die junge Frau: „Das ist mein Thema. Die Reinkarnation! Zu erfahren, was war vorher, bevor ich wiedergeboren wurde, und was folgt dann!"

Die Karten 5 bis 7 wurden aufgenommen. Karte 5 war *die Gerechtigkeit*, Karte 6 *der Magier*, Karte 7 *die Herrscherin*. Auch hiermit konnte die junge Dame viel anfangen. Es waren ja sehr bewußte Karten. Und es kam heraus, daß sie sehr erfolgreich ein Tonstudio leitete, wo sich alles um sie drehte, aber irgendwie befriedigte sie der Erfolg nicht. Nun wurde die bedeutsame Karte 4 aufgedeckt. Es kam *der Narr* zum Vorschein. Also die Fragende selbst, die auf der Suche ist. Dann wurde erklärt, daß jeder von der Basis zur Krone aufsteigen kann. Links sieht man die unbewußten Gedanken, rechts (vom Betrachter aus) die bewußten Gedanken. Die geraden Nummern spiegeln immer das Unbewußte, die ungeraden immer das Bewußte wider. Der Weg zur Krone begann. Jedes Kartenduo (also 8 und 9 oder 16 und 17) stellt eine Stufe auf dem Weg zur Krone dar.

- Stufe eins: 8 *der Eremit* und 9 *der Herrscher*. Die Seele fühlt sich einsam, aber draußen in der Welt stellt man schon etwas Besonderes dar. Da ist nichts vom *Eremit* zu spüren.

Die Pyramide

- Stufe zwei: 10 *der Gehängte* und 11 *der Teufel*. In der Seele wird eine große Umwandlung vorbereitet, während im bewußten Erfolgsleben noch manche Verführungen stecken.
- Stufe drei: 12 *der Mond* und 13 *das Rad des Schicksals*. Die Seele drängt auf einen neuen Weg, aber es fällt sehr schwer, dies im bewußten Leben mit einzubauen.
- Stufe vier: 14 *der Siegeswagen* und 15 *der Turm*. Das sind auch die Karten, die wir im Kreuz benötigen. Die Seele will siegen, vielleicht wissend, daß dann in der bewußten Außenwelt ein kleines Imperium zusammenbricht.
- Stufe fünf: 16 *das All* und 17 *die Sonne*. Wenn die Mitte im Inneren gefunden wird, dann wird sich auch im bewußten Leben Glück und Erfolg einstellen.
- Stufe sechs: 18 *der Hohepriester* und 19 *der Stern*. Die harten Forderungen der Seele müssen im bewußten Leben durch Liebe und Magie ausgeglichen werden.
- Stufe sieben: 20 *die Kraft* und 21 *das Maß*. Die seelische Kraft bringt das Maßvolle ins bewußte Leben. Das Motto „Nur nichts im Übermaß" kann zum Leitmotiv werden.
- Die Krone, die 22, ist *die Hohepriesterin*, anzeigend, daß der Seele zu folgen ist.

Betrachten wir das Kreu:. Unten *der Narr*, der Mensch auf der Suche. Oben als Krone und Ziel *die Hohepriesterin*. Die Seitenkarten 14 und 15 machen klar: Wenn das Unbewußte sich durchsetzt, wird im realen Leben etwas zusammenstürzen. Damit waren gute Grundlagen für ein ausführliches psychologisches Gespräch gefunden.

Auslegearten

Portale der Vergangenheit Das Wort Reinkarnation haben wir schon genannt. Viele Menschen, die an eine Wiederverkörperung der Seele glauben, möchten wissen, was sie denn im vorigen Leben waren. Egal ob dies als Humbug oder neue Erkenntnis angenommen wird, es gibt eine Auslegeart, mit der das Problem der Reinkarnation auf die Probe gestellt werden kann. Insgesamt werden acht Karten benötigt. Immer dabei ist *der Narr*. Er wird in die Mitte etwas nach rechts (vom Betrachter aus) offen hingelegt.

Wer nun seine Vergangenheit erfahren möchte, sollte sich zuvor über seine Zukunftswünsche klar sein. Aus den noch offen daliegenden 21 Karten der großen Arcana wird die entsprechende Karte entnommen und rechts vom

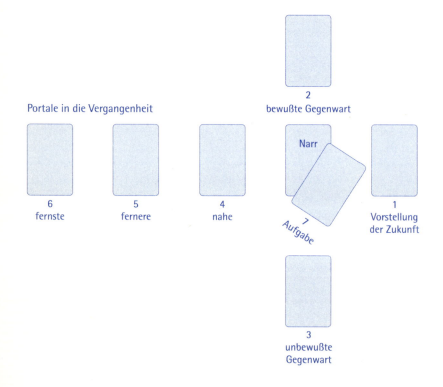

Portale in die Vergangenheit

6 fernste
5 fernere
4 nahe
7 Aufgabe
Narr
1 Vorstellung der Zukunft
2 bewußte Gegenwart
3 unbewußte Gegenwart

Portale der Vergangenheit

Narr hingelegt. Danach werden – wie gewohnt – alle Karten verdeckt zusammengelegt und gemischt, dann verdeckt ausgebreitet und sechs Karten ausgewählt. Und, wie die Grafik es anzeigt, verdeckt um den *Narr* herumgelegt.

Die erste der sechs Karten kommt rechts vom Narr. Die Nummer 2 wird über den *Narr* gelegt. Die nächste Karte 3 kommt unter den *Narr*, und die Karten 4 bis 6 links vom *Narr*. Die Bedeutung:

- Karte 1: Vorstellung der Zukunft
- Karte 2: die bewußte Gegenwart
- Karte 3: die unbewußte Gegenwart
- Karte 4: die nahe Vergangenheit, an die sich noch alle erinnern können
- Karte 5: die fernere Vergangenheit
- Karte 6: die fernste Vergangenheit
- Die letzte Karte 7 wird als Aufgabenkarte schräg über den *Narr* gelegt.

Was *der Narr* bedeutet, das braucht nicht mehr erläutert werden, auch kaum, was der Karte mit dem Titel „Vorstellung der Zukunft" entspricht. Die Karte wird ja offen ausgesucht.

Wählt jemand *die Sonne*, dann wissen wir, daß dieser Mensch von einer guten Partnerschaft und einem sonnigen Leben träumt. Wird *die Herrscherin* genommen, dann will diese – meist weibliche – Person in eine Spitzenposition, und wird *der Gehängte* herausgesucht, dann spielt man vielleicht schon mit dem Gedanken, irgendwann alles hinzuwerfen und auszuwandern oder zumindest auszusteigen.

Die Karte für die bewußte Gegenwart ist meist auch nicht schwer zu deuten. Liegt hier *der Eremit*, dann fühlen sich diese Menschen meist sehr einsam, manche sind auf diese Einsamkeit auch stolz. Liegt hier *die Entscheidung*, dann befindet sich der Ratsuchende in einer Umbruchstimmung oder vor wichtigen Entscheidungen. Schwerer ist meist die Karte 3 der unbewußten Gegenwart zu entziffern. Wenn hier *der Teufel* erscheint, dann werden diese Menschen meist von ihren Trieben oder Lustvorstellungen getrieben, ohne daß sie sich das selbst eingestehen. Auch könnte das für eine leicht intrigenhafte Einstellung sprechen, für teuflische Gedanken.

Auslegearten

Nun kommen die Karten, die mit der Vergangenheit zu tun haben können. An die nahe Vergangenheit, die sich in diesem unseren irdischen Leben abgespielt hat, kann sich fast jeder erinnern, wenn er die 5 ersten Lebensjahre nicht mit einbezieht. Schwerer wird es, die ferne oder die fernste Vergangenheit einzuordnen. Die Deutung der Ratgeber sollte in etwa in der Form erfolgen, daß sie folgende Fragen stellen: „Können Sie sich vorstellen, daß Sie in einem Ihrer vorherigen Leben von den Herrschenden verbannt waren?" Dies würde zum Beispiel *der Eremit* möglicherweise ausdrücken. Oder: „Hat Ihre Seele vielleicht darunter gelitten, daß Sie dauernd kniend und demütig Ihre Pflichten erfüllen mußten, weil Sie keine Prüfungen bestanden haben?" (*der Hohepriester*). Oder: „Könnten Sie sich vorstellen, daß Sie einmal – egal weswegen – Ihr Herz verraten haben?" (*die Gerechtigkeit*). Es kommt folglich darauf an, die Fragen sehr vorsichtig und sogar sehr vage zu formulieren.

Natürlich hilft hier die Intuition, die auch neue Gesichtspunkte der Deutung entdecken kann. Die Karten der Vergangenheit sind eher realer und doch abstrakter zu sehen. *Die Auferstehung* könnte etwa besagen, daß manche Christen Opfer brachten in der Gewißheit, der Auferstehung sicher zu sein. *Der Turm* kann Assoziationen über einen Kerker wachrufen, *der Hohepriester* mag für die Inquisition stehen, *das Maß* für falsche Bescheidenheit. *Der Herrscher* kann auch symbolisieren, daß jemand Macht hatte und diese sogar mißbrauchte, *der Tod* kann für einen Mord stehen, den die betroffene Person vielleicht – wenigstens im Geiste – ausgeübt hat. *Der Narr* vielleicht für ein Nomadenleben und *das Rad des Schicksals* für Folterung.

Zugegeben, solche Auslegearten sind Experimente, aber sie zwingen dazu, sich mit den Karten intensiv zu beschäftigen, da jede Karte viele Geschichten zu erzählen vermag, und so verschüttete Erinnerungen aus der Tiefe auferstehen läßt.

Der Abschlußtest

Dieser Test empfiehlt sich als Abschluß einer Sitzung, weil daran erkannt werden kann, ob das Kartenlegen bei den Ratsuchenden etwas verändert hat. Der Test ist genauso angelegt wie unser Vortest, nur werden jetzt die Karten anders bezeichnet. Die unsympathische Karte wird jetzt zur schwierigsten Karte, die sympathische Karte zur Zielkarte.

Wer sich mit den Karten beschäftigt, wird feststellen, daß eine oder gar mehrere Karten ihm immer noch Schwierigkeiten bereiten. Meist ist es *der Teufel* oder *der Tod*. Diese Karte soll ausgelegt werden. Karte 2 wäre die Zielkarte und Karte 3 diejenige, die von dem schwierigsten Blatt zum Zielblatt hinführt.

Wird *der Tod* als schwierigste Karte gewählt, und die Zielkarte ist *die Sonne*, dann soll sich die oder der Ratsuchende überlegen, wie er von einer zunächst trostlos erscheinenden Situation zu einem glücklichen Leben kommt. Da eignet sich etwa die Liebe, *der Stern*, aber auch *der Turm*, der besagt, daß in diesem Fall alles Alte einstürzen muß.

Vom *Teufel*, dem schwierigsten Blatt, zum *Herrscher* zu kommen, heißt zu erkennen, daß man seine Triebe und Lüste beherrschen lernen muß, um selbst zu herrschen. Da bietet sich als Verbindungsblatt *der Hohepriester* an, aber auch *das Maß* oder *die Gerechtigkeit*. Es ist gut, wenn jeder spätere Kartendeuter sich die Karten verdeckt auswählt, um danach eine Verbindungskarte auszusuchen. So lernt man den Sinn jeder einzelnen Karte leicht zu erfassen.

1 — Schwierigste Karte
3 — Verbindungskarte von 1 zu 2
2 — Zielkarte

Literatur

SERGIUS GOLOWIN: Die Welt des Tarot. Basel 1975

ELISABETH HAICH: Tarot. München 1971

STUART R. KAPLAN: Tarot. New York 1978

HANS DIETER LEUENBERGER: Schule des Tarot. Freiburg 1981

BERND A. MERTZ: Astrologie und Tarot. Interlaken 1981

BERND A. MERTZ: Kartenlegen. Niedernhausen 1985

BERND A. MERTZ: Karma in der Astrologie. Interlaken 1995

BERND A. MERTZ: Karma im Tarot. Interlaken 1988

BERND A. MERTZ: Tarot. Niedernhausen 1991

BERND A. MERTZ: Der Ägyptische Tarot. München 1995

SALLIE NICHOLS: Die Psychologie des Tarot. Interlaken 1984

PAPUS: Tarot der Zigeuner. Schwarzenburg 1979

Verzeichnis der Karten

Karte 0/22	*Der Narr*	Tarot de Marseille
Karte 1	*Der Magier*	Tarot Balbi
Karte 2	*Die Hohepriesterin*	Aquarian Tarot
Karte 3	*Die Herrscherin*	Oswald Wirth Tarot
Karte 4	*Der Herrscher*	Rider Tarot
Karte 5	*Der Hohepriester*	Ansata Tarot
Karte 6	*Die Entscheidung*	Egyptian Tarot Deck
Karte 7	*Der Siegeswagen*	Ibis Tarot
Karte 8	*Die Gerechtigkeit*	Tarot de Marseille
Karte 9	*Der Eremit*	Prager Tarot
Karte 10	*Das Rad des Schicksals*	Ibis Tarot
Karte 11	*Die Kraft*	Der Ägyptische Tarot
Karte 12	*Der Gehängte*	Rider Tarot
Karte 13	*Der Tod*	Golden Dawn Tarot
Karte 14	*Das Maß*	Tarot 1 JJ (Swiss Tarot)
Karte 15	*Der Teufel*	tarocco esoterico
Karte 16	*Der Turm*	Ansata Tarot
Karte 17	*Der Stern*	Tarot 1 JJ (Swiss Tarot)
Karte 18	*Der Mond*	Prager Tarot
Karte 19	*Die Sonne*	Der Ägyptische Tarot
Karte 20	*Die Auferstehung*	Golden Dawn Tarot
Karte 21	*Das All*	Aquarian Tarot

Der Ägyptische Tarot
© 1995 mvg-verlag im verlag moderne industrie AG, München/Landsberg am Lech

Ansata Tarot
© Ansata-Verlag, CH-3800 Interlaken

Aquarian Tarot, Oswald Wirth Tarot, Egyptian Tarot,
Golden Dawn Tarot
Illustrations from the Aquarian Tarot, Oswald Wirth Tarot, Egyptian Tarot, Golden Dawn Tarot reproduced by permission of U. S. Games Systems,

Verzeichnis der Karten

Stamford, CT 06902 USA. Copyright © (1993; 1976; 1982; 1982) by U. S. Games Systems, Inc. Further reproduction prohibited.

Rider Waite Tarot
Illustrations from the Rider-Waite Tarot Deck® known also as the Rider Tarot and the Waite Tarot, reproduced by permission of U. S. Games Systems, Inc., Stamford, CT 06902 USA. Copyright © 1971 by U. S. Games Systems, Inc. Further reproduction prohibited. The Rider-Waite Tarot Deck® is a registered trademark of U. S. Games Systems, Inc.

Prager Tarot
Illustrations from the Prager Tarot reproduced by permission of U. S. Games Systems, Inc., Stamford, CT 06902 USA. Copyright © 1980 by AG Müller. Further reproduction prohibited.

Tarot de Marseille, Ibis Tarot, Tarot 1 JJ (Swiss Tarot)
© AGM AGMüller, CH-8212 Neuhausen

Leider war es Autor und Verlag nicht möglich, die Rechteinhaber aller Tarotdecks zu ermitteln. Der Verlag bittet um Meldung, sofern jemand nicht benachrichtigt worden ist.